はじめに

会社法は、ビジネスの基本に位置付けられる法律です。日本のビジネスマンや法律を学ぶ学生のみならず、一般の方であっても、会社法についての最低限の知識を持っていなければ、いざ会社に関する法律問題に直面したときに、適切に対処することはできません。そのため、できるだけ多くの方々が、会社法について理解し、知識を得ておくことが望まれます。

しかし、会社法の条文そのものは非常にわかりにくく、解説書も難解なものが多いのが現実です。そこで、本書は、会社法についてまったく知識のない一般の方でもすぐ理解していただけるように、法令の条文番号の引用や細かい部分・例外的な部分は省略して、基本的な骨格部分のみをできるだけ平易・簡潔に解説しました。また、イラストや図表を多く取り入れて、しくみや概念をビジュアルに示し、わかりやすさを重視して、本書を作成しました。

なお、本書は、令和元年１２月４日に改正された会社法を対象としています。

本書が、皆様の会社法の理解に少しでも役立つことを願ってやみません。

2020年6月

弁護士　遠藤　誠

本書のしくみ

会社法の
しくみが
よくわかる!

株式会社

会社の機関

株主総会

取締役

「株主」については
☞ 第3章へ

各種機関については
☞ 第4章へ

会社の財務

「資金調達」については
☞ 第5章へ

「剰余金」については
☞ 第6章へ

合名会社　合資会社　合同会社

持株会社

「会社の種類」については
☞ 第1章へ

手続の流れや書式サンプルも掲載

「設立」については
☞ 第2章へ

「定款」のサンプルについては
☞ 資料へ

「現在事項全部証明書」のサンプルについては
☞ 第2章へ

時間の流れ

- 会社の実体の形成（定款の作成、株主となる者の確定、機関の具備）
- 法人格の取得（設立登記）

「各種機関」については
☞ 第4章へ

- 取締役会開催
- 株主総会開催

「資金調達」については
☞ 第5章へ

- 資金調達（募集株式の発行、社債）
- 剰余金の配当

「剰余金」については
☞ 第6章へ

- 合併、会社分割等
- 解散、清算

「組織再編等」については
☞ 第7章へ

最新 会社法がよくわかる本［第2版］

CONTENTS

CHAPTER 3 株式および株主について理解しよう

CHAPTER 4 株式会社の機関を設計しよう

CHAPTER 5 株式会社の資金調達について理解しよう

CHAPTER 6 剰余金を配当しよう

CHAPTER 7 組織再編など

CHAPTER 1

会社の基本的なしくみ

本章では、そもそも「会社」とは何なのか、会社の特徴は何か、会社の種類にはどのようなものがあるのかなど、基本的なしくみについて解説します。

CHAPTER 1

1 「会社」とは？

新聞やニュースを見ていると、例えば、「トヨタ自動車株式会社」などのようにいろいろな会社の名前を見かけます。では、そもそも「会社」とは、何でしょうか？

1 「自然人」と「法人」

読者の皆さんのように、生身の人間一人ひとりのことを、自然人（しぜんじん）といいます。自然人は生まれてから死ぬまで、当然に法律の適用を受け、権利・義務の主体となります。本来、自然人だけが権利・義務の主体となれば、それで足りるはずです。

しかし、例えば、多くの出資者からお金を出してもらって大きな事業をしようとする場合、いちいち、それら多くの出資者一人ひとりの名前で、不動産賃貸借契約や原材料購入契約を締結したりするのは、あまりに煩雑です。むしろ、その事業体を１つの実体があるもの（比喩的にいえば、人型ロボットのようなもの）と捉え、その事業体の名前で契約や取引をする方が効率的です。

それだけでなく、現代社会においては、法人は、たんなる自然人の集まりということを超えて、事業体としての１つの実体を備えているといえるものも多く存在します。例えば、「トヨタ自動車株式会社の株主や従業員の集まり」というよりも、「トヨタ自動車株式会社という１つの実体」が存在すると捉える方が自然です。

このように、自然人ではないが法人格*があり権利・義務の主体となり得るものを、「法人」といいます。

* **法人格**　権利、義務の主体となり得る資格。

FIGURE 1 「法人」の必要性

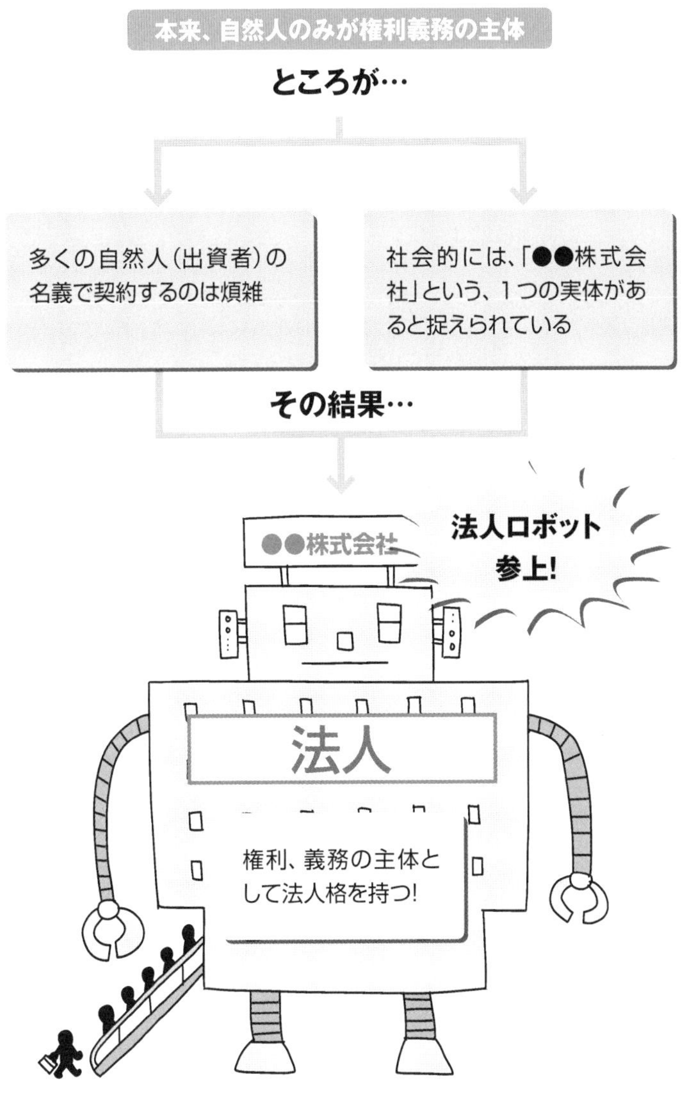
本来、自然人のみが権利義務の主体
ところが…
多くの自然人（出資者）の名義で契約するのは煩雑
社会的には、「●●株式会社」という、1つの実体があると捉えられている
その結果…
●●株式会社
法人ロボット参上!
法人
権利、義務の主体として法人格を持つ!

2 法人の一種としての「会社」

一口に法人といっても、社団法人（例えば、NPO、労働組合、農業協同組合）、財団法人（例えば、共済組合）など、いろいろなものがありますが、「会社」も法人の一種です。

法律学の世界では、よく、「会社とは、営利を目的とする社団法人である」といわれています。

ここで営利というのは、法人が事業を行って得た利益を出資者に分配することをいいます。法人が事業活動を行っているとしても、そこで得た利益を構成員に分配することを目的としていない場合、ここでいう「営利」には該当しません。

また、社団というのは、個性が希薄な多数の出資者からなり、出資者は法人と直接の法律関係に立つだけで、出資者相互は直接の法律関係には立たずに、法人を介した間接的な法律関係に立つだけであることをいいます。出資者が１人だけの会社も認められていますが、これは、出資者たる地位の一部を他者に譲渡することにより、いつでも複数の出資者となることが潜在的、かつ容易に可能であり、その意味で「社団性」には反しないと考えられているからです。

ところで、権利能力のない社団という概念があります。これは、社団としての実体を備えながらも、何らかの理由で法令上の要件を満たさないため、法人格を有しない社団をいいます。会社法との関係では、後述するとおり、「設立中の会社」というものがあり、これが「権利能力のない社団」に該当します。

FIGURE 2 会社＝「営利を目的とする社団法人」

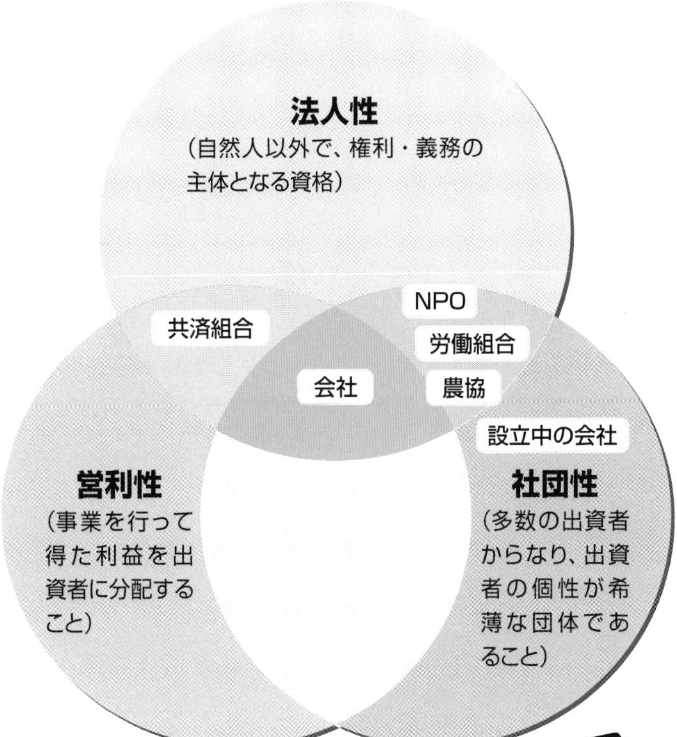
法人性
（自然人以外で、権利・義務の主体となる資格）
営利性
（事業を行って得た利益を出資者に分配すること）
社団性
（多数の出資者からなり、出資者の個性が希薄な団体であること）
会社
共済組合
NPO
労働組合
農協
設立中の会社

上図のように、会社は、法人性、営利性、社団性という3つの特色を持つという意味で、他の法人とは異なります。

3 法人格否認の法理

法人格が認められた会社は、出資者とは別の法的主体であると認められます。よって、会社がいくら債務を負っても、その背後にいる出資者は、会社とは別の主体ですので、会社の債務については何ら責任を負わなくてよい、ということになります。

ところが、この原則を貫くと、場合によっては不都合が生じることがあります。

例えば、①形式上は会社の形態をとっていても、実際には個人事業そのものであり、会社と個人が別の法的主体であるとは認められない程度に法人格が形骸化している場合（形骸化事例）、および②会社の法人格が法律の適用を回避するために濫用されている場合（濫用事例）です。

これらの場合には、その法律関係に限って会社の法人格の独立性を否定し、会社とその背後にいる出資者とを同一視し、出資者たる個人に責任を負わせよう、というのが、**法人格否認の法理**という考え方です。「法人格否認の法理」は、判例でも適用されたことがあります。

ただし、「法人格否認の法理」は、一般的に当該会社の法人格を取り消すというものではなく、訴訟で問題となっている法律関係においてのみ、会社の法人格がなかったものとみなして、会社とその背後にいる出資者とを同一視し、出資者たる個人に責任を負わせようとするにすぎないことに注意が必要です。

FIGURE 3 法人格否認の法理とは

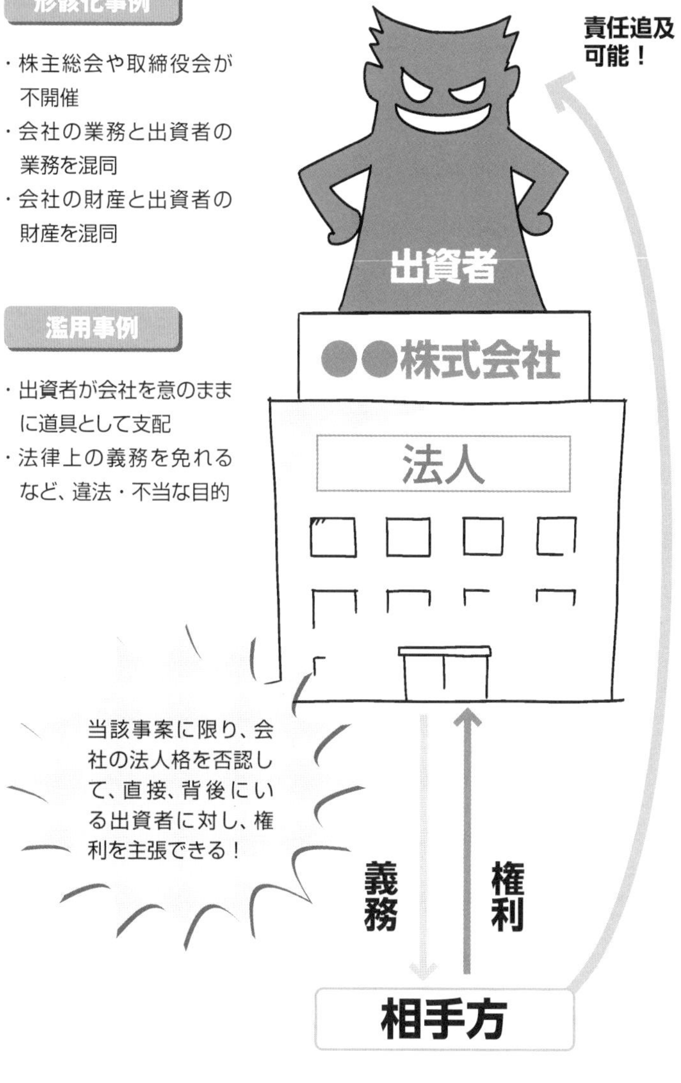
形骸化事例
・株主総会や取締役会が不開催
・会社の業務と出資者の業務を混同
・会社の財産と出資者の財産を混同
濫用事例
・出資者が会社を意のままに道具として支配
・法律上の義務を免れるなど、違法・不当な目的
責任追及可能！
出資者
●●株式会社
法人
当該事案に限り、会社の法人格を否認して、直接、背後にいる出資者に対し、権利を主張できる！
義務
権利
相手方

CHAPTER 1
2

「会社法」と「商法」は違うもの？

会社に関する法律には、どのようなものがあるのでしょうか？「会社法」と「商法」は違うものなのでしょうか？

1 会社に関する最も重要な法律（会社法）

会社に関する法律として、最も基本的かつ重要なものは、「会社法」です。以前は、商法という法律の中に、会社に関する条文が含まれていたのですが、平成17年6月29日に成立した会社法が取って代わりました。その後も、会社法は、平成26年6月20日、および令和元年12月4日に改正されました。本書は、この令和元年改正会社法に基づいて解説します。令和元年改正会社法は、令和元年12月11日に公布され、公布日から1年6か月以内（株主総会資料*の電子提供制度*については3年6か月以内）に施行されます。

2 その他の関連する法律

他の法律としては、金融商品取引法（証券市場における有価証券の発行や取引等を規定。以前は「証券取引法」という名称でした）、商業登記法（会社に関する登記制度、登記手続、登記事項、登記申請の必要書類等を規定）、「会社法の施行に伴う関係法律の整備等に関する法律」（会社法施行前から存在する有限会社等についての経過措置等を規定）、民法（会社法に規定されていない事項については、一般法である民法が適用されます）などがあります。

さらに、法律ではなく、政省令のレベルのものもあります。内閣が制定した政令としては「会社法施行令」、法務省令としては「会社法施行規則」、「会社計算規則」のほか、「電子公告規則」があります。

FIGURE 4 会社法の体系図

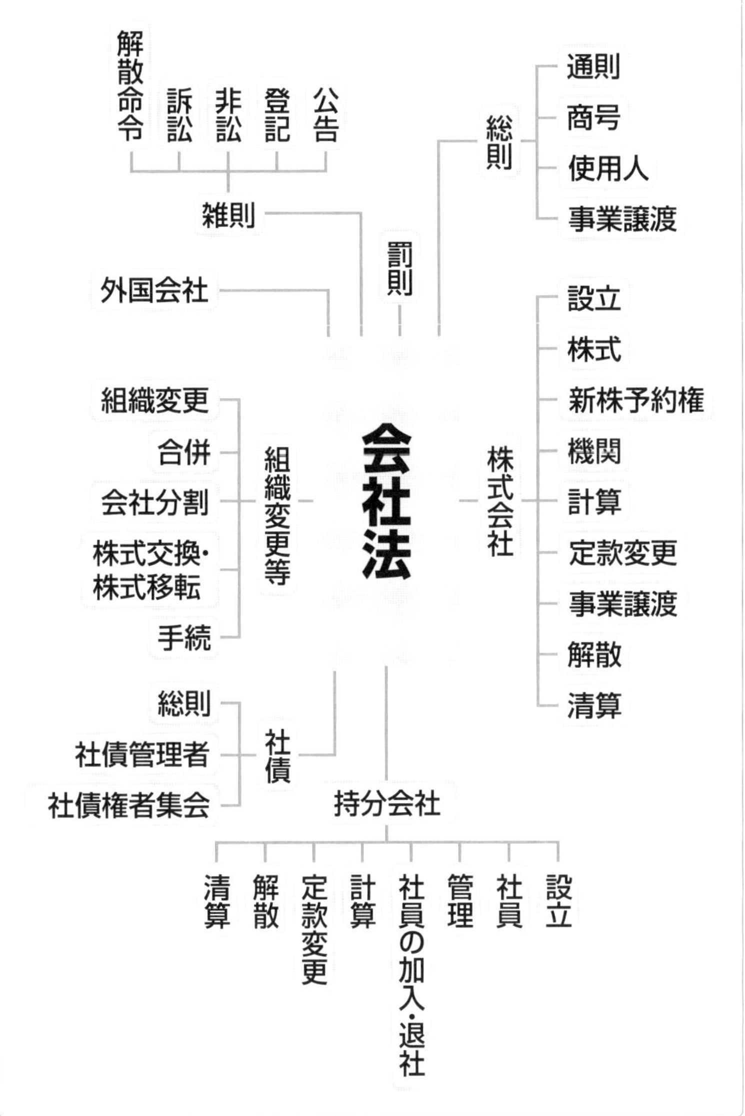

＊株主総会資料　本文 67 ページ参照。
＊電子提供制度　本文 67 ページ参照。

CHAPTER 1

3 会社の種類は？

会社には、株式会社、合名会社、合資会社、および合同会社の４種類があります。会社の種類ごとにそれぞれ特色があります。

1 会社の種類

会社法を見ると、第２編が「株式会社」、第３編が「持分会社」となっており、後者の中に、合名会社、合資会社、および合同会社に関する規定が含まれています。このように、会社法で認められている会社は、上記の４種類です。

2 従来の「有限会社」は消滅した？

会社法が施行される前は、「有限会社法」により、有限会社が認められていましたが、平成17年制定の会社法の施行と同時に、有限会社法は廃止されたため、その後は、有限会社の新規設立はできなくなりました。

しかし、「会社法の施行に伴う関係法律の整備等に関する法律」により、従来から存続する有限会社は、①「有限会社」という名称のまま株式会社として存続することもできますし（そのような会社を特例有限会社といいます）、あるいは、②定款変更により「株式会社」という名称に変更することで、名実ともに株式会社となることも認められています。②を選択する場合は、定款変更により商号を変更するなどの手続をとる必要がありますが、この手続をとらなければ、自動的に①の場合として取り扱われます。

FIGURE 5 会社の種類

- 会社
  - 株式会社
  - 持分会社
    - 合名会社
    - 合資会社
    - 合同会社

FIGURE 6 従来の「有限会社」の取扱い

平成17年会社法施行
(平成18年5月1日)により…

従来の「有限会社」

→ ①原則として「有限会社」の名称のまま、実質的には株式会社として存続(特例有限会社)

商号*変更等の手続をとれば…

→ ②名実ともに「株式会社」として存続

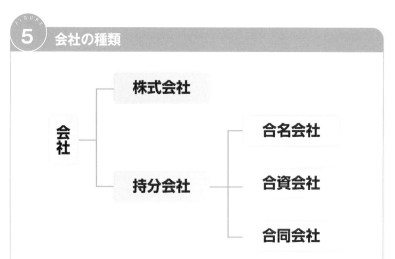

*商号　本文28ページCOLUMN参照。

CHAPTER 1

4 持分会社とは？

持分会社とは、どのような会社をいうのでしょうか？　また、持分会社には、どのような種類があるのでしょうか？

1 持分会社の種類

持分会社とは､社員（出資者）の地位が持分*というかたちをとり、社員自ら会社の経営を行う会社です。少人数の親しい者が集まって小規模な会社経営を行う場合に適しています。

ここでは、社員自ら会社の経営を行うという意味で、「所有と経営の一致」が見られます。持分会社には、合名会社、合資会社、および合同会社があります。合名会社は無限責任社員（次ページ上図参照）のみからなる持分会社であり、合資会社は無限責任社員と有限責任社員（次ページ上図参照）からなる持分会社です。合同会社は平成17年制定の会社法により新たに設けられました。合同会社は有限責任社員のみからなる持分会社ですが、株式会社とは異なり、原則として､各社員が業務執行権を有し､社員の加入および持分の譲渡には全社員の同意が必要です。なお、持分会社のように､社員と会社および社員相互の関係が密接な会社のことを人的会社といいます。

2 パス・スルー課税

日本の合同会社の場合、米国のLLCとは異なり、パス・スルー課税（法人の所得に課税せず、出資者の所得のみに課税すること）が現時点では認められていません。なお、パス・スルー課税ができる制度として、有限責任事業組合があります（次ページ下図参照）。

* **持分**　共有物に対する各共有者の所有分をいう。

FIGURE 7 合名会社・合資会社・合同会社の違い

<table>
<tr><th></th><th>合名会社</th><th>合資会社</th><th>合同会社</th></tr>
<tr><td>無限責任社員の地位</td><td colspan="2">無限責任社員は、会社債権者に対して直接に連帯して無限責任を負う。
会社の業務執行に参加する権利を有する。</td><td></td></tr>
<tr><td>有限責任社員の地位</td><td></td><td colspan="2">有限責任社員は、会社債権者に対して出資額を限度として責任を負うのみ。
会社の業務執行に参加する権利を有する。</td></tr>
</table>

FIGURE 8 パス・スルー（pass through）課税

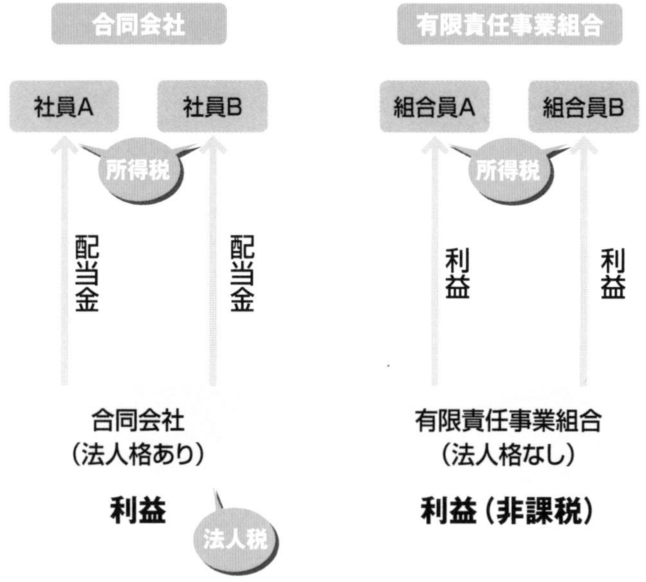

CHAPTER 1

5 株式会社とは？

４種類の会社の中でも、圧倒的に重要性が高く、数も多いのが、株式会社です。では、株式会社とは、どのような会社をいうのでしょうか？

1 持分会社の種類

株式会社とは、出資者たる株主の地位が株式というかたちをとり、株主は有限責任のみを負うとされる会社です。株式とは、株式会社の株主たる地位が、細分化され、1株、50株、100株というように、割合的単位のかたちをとったものをいいます。株主は、株式会社の債権者に対し、出資額を限度として間接的に有限責任を負うにすぎず、直接には責任を負いません。

株式が細分化された割合的単位のかたちをとっているため、少額の出資しかできない多数の者から多額の出資を集めることが可能です。また、株式の譲渡は原則として自由であり、株主の個性は重視されないため、株式会社は大規模な企業に適するといえます。

また、株式会社の実質的所有者である株主は、一般に、会社の業務執行には直接には参加せず、経営の専門家である取締役らに業務執行を委ねることが多いといえます。このことを所有と経営の分離といいます。

なお、株式会社のように、株主と会社との関係、および株主相互の関係が薄い会社のことを物的会社といいます。これは、前述した人的会社に対応する概念です。

OnePoint コーポレート・ガバナンス論

そもそも会社は、誰のものなのでしょうか？　株主の利益のことだけでなく、従業員などの利害関係者の利益も考慮する必要はないのでしょうか？　会社の不祥事を防ぐために、会社経営者を監視するにはどうすればよいのでしょうか？

これらの議論は**コーポレート・ガバナンス論**と呼ばれ、近時、活発に議論されています。特に東京証券取引所の「コーポレートガバナンス・コード」(2018：平成30年6月改訂）は、会社の機能的なあり方を示すものとして参考となります。

FIGURE 9 株式会社のしくみ

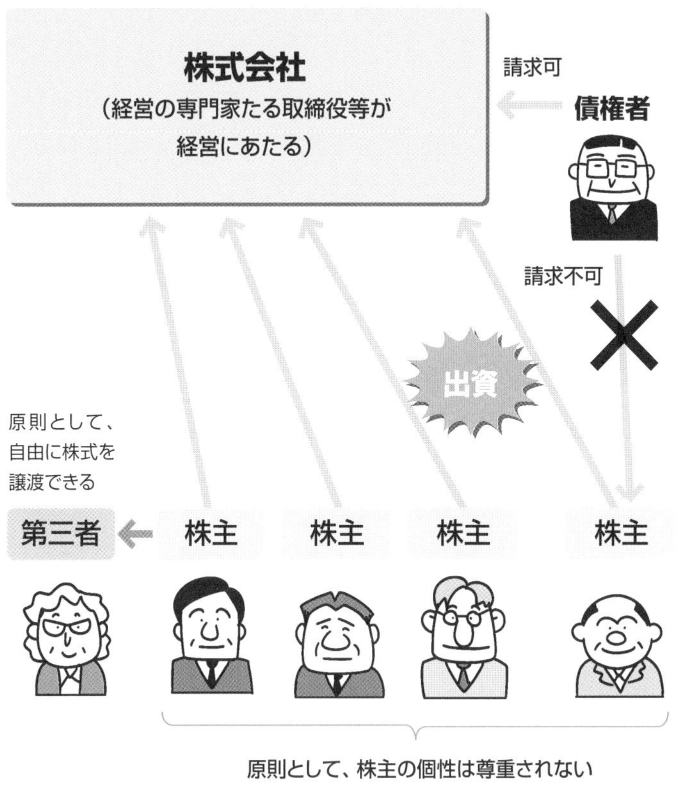

2 資本金

株主は、株式会社の債権者に対し、出資額を限度として間接的に有限責任を負うにすぎないことから、株式会社の債権者としては、債権の引当となるのは、会社財産だけです。そこで、株式会社は、会社財産を確保するための基準となる一定の計算上の金額としての資本金を定め、この資本金の額に相当する会社財産を現実に保有しなければならないこととされています。

会社法の規定によると、株式会社の資本金の額は、原則として、「設立または株式の発行に際して、株主となる者が当該株式会社に対して払い込み、または給付をした財産の額」とされています。

ところで、平成17年改正前の商法では、「最低資本金制度」が採られ、株式会社の最低資本金は1000万円、有限会社の最低資本金は300万円とされていました。

しかし、平成17年制定の会社法では、最低資本金制度は会社債権者の保護には役立っていないと考えられたこと、および会社設立を容易にする必要があったことから、最低資本金制度を撤廃しました。これにより、資本金の額が1円でも株式会社（および前述した合同会社）を設立することができるようになりました。ただし、資本金の額にかかわらず、純資産額が300万円未満の場合、剰余金の配当を行うことはできないという規制はあります。

資本金に関しては、従来、いわゆる資本3原則、すなわち、「資本充実・維持の原則」、「資本不変の原則」および「資本確定の原則」が唱えられてきました。各原則の内容等は、次ページのとおりです。

FIGURE 10 資本3原則

		内容	会社法における制度の例
資本充実・維持の原則	資本充実の原則	資本金の額に相当する財産が、会社に確実に拠出されなければならない、という原則	変態設立事項に対する厳格な規制（28条、33条、93条）
	資本維持の原則	資本金の額に相当する財産が、会社に現実に維持されなければならない、という原則	剰余金の分配の制限（461条）
資本不変の原則		いったん定められた資本金の額を自由に減少することはできない、という原則	資本金の額の減少の場合における債権者保護手続（449条）
資本確定の原則		定款で資本金の額を確定し、その全額が引き受けられなければならない、という原則	「設立に際して出資される財産の価額、または最低額」の定款への記載および出資の履行（27条4号）

現行の会社法は、資本確定の原則については、上表に記載した限度でのみ採用しているにすぎません。

CHAPTER 1

6 会社の分類

一口に「会社」といっても、様々なタイプ、規模のものがあります。会社はその株式譲渡制限の有無や規模等により様々な分類が可能です。その分類に応じて、適用される法規制の内容も異なります。例えば、取締役会や監査役会を設置しなければならないか否かなどについて、違いが生じます。

1 「公開会社」および「公開会社でない会社」

公開会社とは、その発行する全部または一部の株式の内容として、譲渡による当該株式の取得について株式会社の承認を要する旨の、定款の定めを設けていない株式会社をいいます。要するに、譲渡による株式の取得について、株式会社の承認を要する旨の定款の定めをいっさい設けていない株式会社は、「公開会社」です。「公開会社」でないものはすべて、「公開会社でない会社」です。

なお、上記のことに関連して譲渡制限株式という概念も重要です。譲渡制限株式とは、株式会社がその発行する全部または一部の株式の内容として、譲渡による当該株式の取得について当該株式会社の承認を要する旨の定めを設けている場合の株式をいいます。

2 「大会社」および「大会社でない会社」

大会社とは、最終事業年度にかかる貸借対照表に資本金として計上した額が5億円以上であるか、または最終事業年度にかかる貸借対照表の負債の部に計上した額の合計額が200億円以上である株式会社をいいます。「大会社」でないものはすべて、「大会社でない会社」です。

FIGURE 11 「公開会社」および「公開会社でない会社」の区別

「発行株式の全部、または一部の譲渡による取得について株式会社の承認が必要」と定款に定めているか?

- 定めている → 公開会社でない会社
- 定めていない → 公開会社

FIGURE 12 「大会社」および「大会社でない会社」の区別

	負債200億円以上	負債200億円未満
資本金5億円以上	大会社	大会社
資本金5億円未満	大会社	大会社でない会社

COLUMN

商号を決定する際の注意点

商号とは、「トヨタ自動車株式会社」のように、会社が営業活動において自己を表示するために用いる名称です。

会社法によると、会社は、株式会社、合名会社、合資会社、または合同会社の種類に従い、それぞれその商号中に株式会社、合名会社、合資会社、または合同会社という文字を用いなければならず、その商号中に、他の種類の会社であると誤認されるおそれのある文字を用いてはなりません。

会社でない者は、その名称または商号中に、会社であると誤認されるおそれのある文字を用いてはなりません。

また、不正の目的を持って、他の会社であると誤認されるおそれのある名称、または商号を使用してはなりません。

そのような使用によって営業上の利益を侵害され、または侵害されるおそれがある会社は、その営業上の利益を侵害する者、または侵害するおそれがある者に対し、その侵害の停止または予防を請求することができます。

会社は、その商号を登記しなければなりません。商業登記法 27 条は、「商号の登記は、その商号が他人のすでに登記した商号と同一であり、かつ、その本店の所在場所が当該他人の商号の登記にかかる本店の所在場所と同一であるときは、することができない」旨を規定し、同一の本店所在場所における同一の商号の登記を禁止しています。

逆にいうと、異なる本店所在場所であれば、同一の商号の登記は可能であることになります。ただし、不正目的で他の会社であると誤認されるおそれのある商号を使用すると、侵害の停止または予防を請求されることになります。

CHAPTER 2

株式会社を設立しよう

４種類の会社のうち、最も重要性が高く、数も多いのは、株式会社です。そこで、本章では、株式会社を設立するためには、どのようなことを決め、どのような手続をとる必要があるかなどについて解説します。

CHAPTER 2

1 設立手続はどのように行えばよいか

設立手続は、「会社の実体の形成」から「法人格の取得」へと進みます。設立方法には、発起（ほっき）設立と募集設立の２種類があります。

1 設立手続および設立方法

株式会社の設立手続は、①会社の実体の形成（具体的には定款の作成、株主となる者の確定、機関の具備）、および②法人格の取得（具体的には設立登記）という２つの段階に分けられます。

また、設立方法としては、「発起設立」と「募集設立」という２つの方法があり、いずれであるかにより、会社法による規制内容が異なります。

発起設立とは、会社設立の際に発行する株式を、発起人がすべて引き受けるという設立方法です。募集設立とは、会社設立の際に発行する株式の一部を発起人が引き受け、残部については引受人を募集するという設立方法です。

発起人（ほっきにん）とは、定款に発起人として署名した者のことですが、実質的にいえば、会社設立の企画者であり、会社の設立後は取締役に就任するのが通常です。

2 定款の作成

定款とは、会社の組織や活動等に関する根本規則です。発起人が定款を作成し、発起人全員が署名または記名押印する必要があります。定款は、公証人の認証を受けることにより、効力を生じます。定款のサンプルを本書巻末に掲載しましたので、参照してください。

FIGURE 13 株式会社の設立手続

1 会社の実態の形成

定款の作成、株主となる者の確定、機関の具備

発起設立	募集設立
株式のすべてを発起人が引き受ける	株式の一部を発起人が引き受け、残部の引受人を募集する

↓

2 法人格の取得

設立登記

FIGURE 14 定款の記載事項

定款の記載事項

- **絶対的記載事項**：定款に必ず記載しなければならない事項（例：目的、商号）
- **相対的記載事項**：定款に記載しなくてもよいが、記載しないとその事項の効力が認められない事項（例：変態設立事項）
- **任意的記載事項**：定款に記載するか否かが自由である事項（例：事業年度）

3 株主となる者の確定

(1) 発起設立の場合

発起設立では、会社設立の際に発行する株式を、発起人がすべて引き受けますので、当該発起人は、引き受けたあと、遅滞なく出資にかかる金銭の全額を払い込み、またはその出資にかかる金銭以外の財産の全部を給付しなければなりません。期日までに出資の履行をしない発起人は、設立時発行株式の株主となる権利を失います。

(2) 募集設立の場合

募集設立の場合においても、各発起人は、設立時発行株式を１株以上引き受けなければなりません。発起人は、設立時募集株式の数および払込金額等の事項を定めて、設立時発行株式を引き受ける者の募集を行います。

そして、発起人は、募集に応じて設立時募集株式の引受けの申込みをしようとする者に対し、発起人が出資した財産の価額等の事項を通知しなければなりません。

次に、発起人は、申込者の中から設立時募集株式の割当てを受ける者を定め、かつ、その者に割り当てる設立時募集株式の数を定めます。これにより、設立時募集株式の割当てを受けた者は、株式引受人となります。

株式引受人は、発起人が定めた銀行等の払込みの取扱い場所において、それぞれの設立時募集株式の払込金額の全額の払込みを行わなければなりません。期日までに払込みをしない引受人は、設立時募集株式の株主となる権利を失います。

FIGURE 15 株主となる者の確定手続

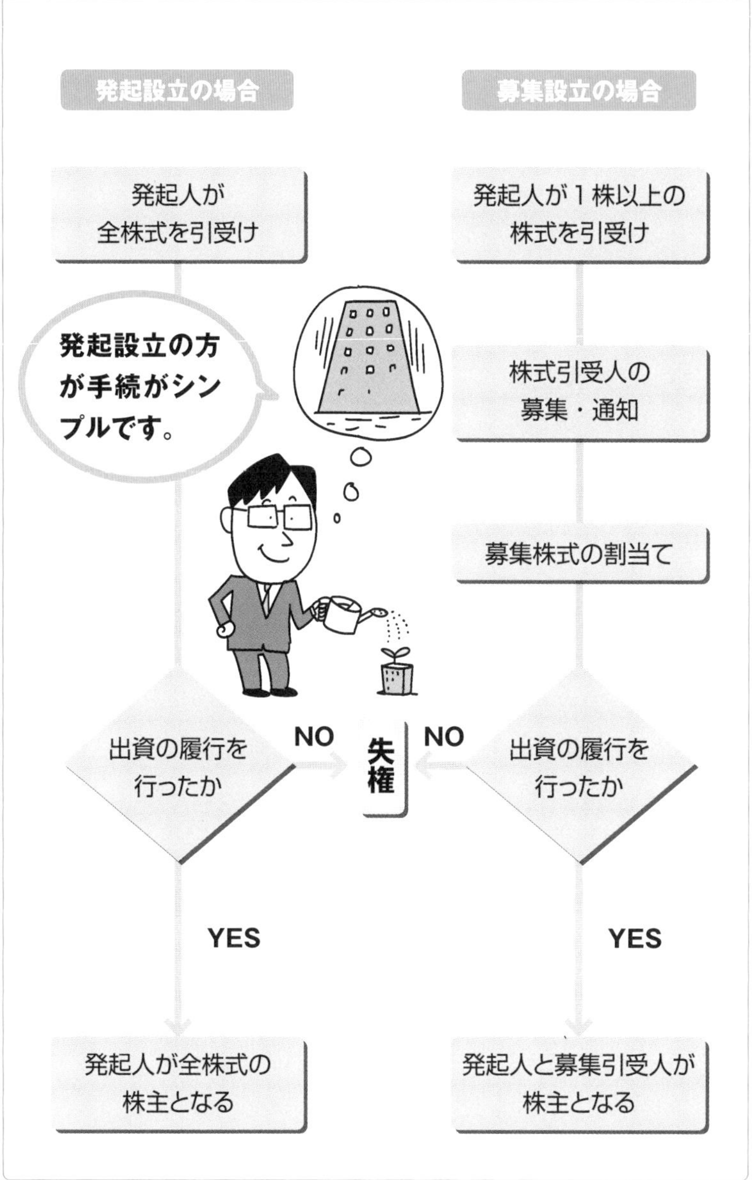

発起設立の場合
発起人が
全株式を引受け
発起設立の方が手続がシンプルです。
出資の履行を行ったか
NO
YES
発起人が全株式の株主となる
失権
募集設立の場合
発起人が1株以上の株式を引受け
株式引受人の募集・通知
募集株式の割当て
出資の履行を行ったか
NO
YES
発起人と募集引受人が株主となる

4 機関の具備

株式会社の株主は業務執行に参加しないため、業務執行の任にあたる取締役等の機関をきちんと備える必要があります。

(1) 発起設立の場合

発起人は、出資の履行が完了したあと、遅滞なく、設立時取締役（株式会社の設立に際して取締役となる者）を選任しなければなりません。設立時取締役は、設立後の取締役とは異なり、設立経過の調査のように、設立に関する限られた事項のみを職務内容とします。

また、株式会社の種類（後述）によっては、設立時会計参与、設立時監査役、設立時会計監査人の選任を要します。

(2) 募集設立の場合

募集設立の場合、「創立総会」が開催されます。

創立総会は、発起人および株主全員により構成される議決機関であり、設立後の会社の株主総会にあたるものです。設立時取締役、設立時会計参与、設立時監査役、または設立時会計監査人の選任は、創立総会の決議によって行わなければなりません。発起設立の場合と同様、設立時取締役は、設立後の取締役とは異なり、設立経過の調査のように、設立に関する限られた事項のみを職務内容とします。創立総会においては、設立時取締役による設立調査報告が行われるほか、定款の変更を行うこともできます。

FIGURE 16 機関の具備の手続

発起設立の場合

発起人による設立時取締役等の選任
↓
設立経過の調査
↓
設立登記（法人格の取得）

募集設立の場合

創立総会の開催
↓
創立総会における設立時取締役等の選任決議
↓
創立総会における設立調査報告
↓
設立登記（法人格の取得）

会社は設立登記を完了することにより、法人格を取得し、権利義務の主体となることができます。

5 法人格の取得

株式会社は、その本店の所在地において設立の登記をすることによって成立し、法人格の取得が認められます。株式会社が法人格を取得するということは、権利義務の主体となることができるということです。法人格の取得により、株式会社の設立のための手続は完了したということができます。

株式会社の設立の登記は、その本店の所在地において、発起設立の場合は設立経過の調査が終了した日などから、また、募集設立の場合は創立総会の終結の日などから、2週間以内に行わなければなりません。

株式会社の設立の登記事項には、会社の目的、商号、本店および支店の所在場所、資本金の額、発行可能株式総数、発行する株式の内容、発行済株式の総数、取締役の氏名、代表取締役の氏名および住所等があります。

株式会社の設立登記を終えると、法務局において、登記事項の証明書を取得することができます。昔は「登記簿謄本」等と呼ばれていましたが、現在では登記簿がコンピュータ化されたため、登記事項証明書と呼ばれるようになりました。

登記事項証明書にも、①現在事項証明書（現に効力を有する登記事項等を記載したもの）、②履歴事項証明書（現在の事項だけでなく、過去3年間のすでに抹消された事項についても記載したもの）などがあります。それぞれ、全部証明書と一部証明書があります。現在事項全部証明書のサンプルは、次ページのとおりです。

FIGURE 17 現在事項全部証明書のサンプル

現在事項全部証明書

東京都○○区○○町○丁目○番○号
○○株式会社
会社法人等番号　○○○○-○○-○○○○○○

商号	○○株式会社
本店	東京都○○区○○町○丁目○番○号
公告をする方法	官報に掲載してする。
会社成立の年月日	令和○年○月○日
目的	1.○○○○○
	2.○○○○○
	3.前各号に附帯する一切の事業
発行可能株式総数	○○万株
発行済株式の総数並びに種類及び数	発行済株式の総数 ○万株
資本金の額	金○○○○万円
株式の譲渡制限に関する規定	当会社の株式を譲渡により取得するには、株主総会の承認を受けなければならない。
役員に関する事項	取締役　山田 太郎
	東京都○○区○○町一丁目2番3号
	代表取締役　山田 太郎
登記記録に関する事項	設立 令和○年○月○日登記

これは登記簿に記録されている閉鎖されていない事項の全部であることを証明した書面である。
（東京法務局○○出張所管轄）

令和○○年○月○日
東京法務局○○出張所

登記官　　　鈴木　一郎

CHAPTER 2

2 設立段階における行為の法律関係

株式会社は設立登記により法人格を取得しますが、設立登記より前の設立段階においてなされた行為の法律関係は、どのように考えればよいのでしょうか？

1 設立中の会社

前述したとおり、株式会社の設立手続は、①会社の実体の形成（定款の作成、株主となる者の確定、機関の具備）、および②法人格の取得（設立登記）という 2 つの段階に分けられます。

①の段階では、発起人が会社設立を目的として、事務所を賃借したり、必要な物を購入したりして、様々な行為をすることにより、団体としての実体が徐々に形成され、最終的に設立登記に至ります。

株式会社は設立登記により成立し、法人格を取得しますが、設立登記の前は、まだ株式会社は成立しておらず、法人格を取得していません。このような、設立登記までに会社設立を目的として様々な行為がなされる団体としての実体を、**設立中の会社**といいます。

設立中の会社と成立後の会社は、法人格の有無という違いはありますが、実質的には同一の存在であるということができます。そして、発起人が設立中の会社の機関として行った権限内の行為の効果は、実質的には設立中の会社に帰属し、会社成立後は、そのまま成立後の会社に帰属する、と一般に考えられています（同一性説）。

18 「設立中の会社」から「成立後の会社」へ

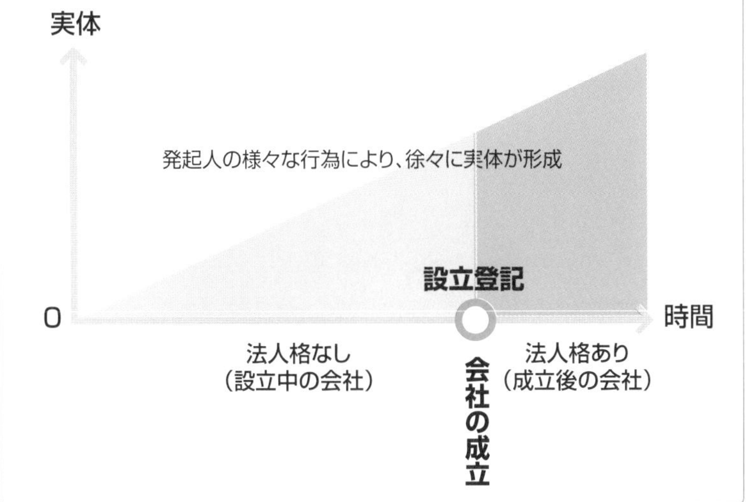

19 設立段階における行為の例

2 発起人の権限

設立登記前に発起人によってなされた行為のうち、設立中の会社の機関としての発起人の権限の範囲内として、どこまで成立後の会社に法律効果を帰属させることができるのでしょうか。

一般的に、「会社設立自体を直接の目的とする行為」(例えば、定款の作成、創立総会の招集)、および「会社設立に法律上、経済上必要な行為」(例えば、設立事務所の賃借、株主募集広告)は発起人の権限の範囲内であり、「営業行為」(例えば、製品の販売)は発起人の権限の範囲外であると考えられています。

問題は、「成立後の会社が営業を行うことができるようにするための準備行為(開業準備行為)」(例えば、営業のための事務所賃借·従業員雇用、原材料等の購入)です。

これについては、発起人の権限の範囲外であるとする見解(会社法は発起人の権限濫用行為に対して厳格な法規制をしていることなどを理由とする)が判例ですが、発起人の権限の範囲内であるとする見解(設立中の会社は、設立登記による法人格の取得だけでなく、会社が成立して営業を行うことができるようにすることをも目的とすることなどを理由とする)も主張されており、争いがあります。

また、会社法は、一定の事項(変態設立事項といいます)につき、発起人による権限濫用の危険が大きいことを理由に、それを定款に記載しなければ効力が生じないものとし、かつ検査役の調査を要するものとしています。変態設立事項の種類は次ページのとおりです。

FIGURE 20 変態設立事項の種類

	変態設立事項	説明
現物出資	金銭以外の財産を出資する者の氏名または名称、当該財産およびその価額、ならびにその者に対して割り当てる設立時発行株式の数	現物（例えば、不動産）による出資は、その現物の財産的価値が過大に評価されるおそれがあるため、原則として、変態設立事項とされた。
財産引受け	株式会社の成立後に譲り受けることを約した財産およびその価額ならびにその譲渡人の氏名または名称	開業準備行為の一種。当該財産の財産的価値が過大に評価されるおそれがあるため、原則として、変態設立事項とされた。
発起人の特別利益	株式会社の成立により発起人が受ける報酬その他の特別の利益、およびその発起人の氏名または名称	発起人がお手盛りにより多額の報酬、その他の特別利益を受けるおそれがあるため、変態設立事項とされた。
設立費用	株式会社の負担する設立に関する費用	無制限に設立費用の支出を許すと、過大な請求や不当な支出につながるおそれがあるため、原則として、変態設立事項とされた。

上表の行為に際して、発起人による権限濫用の危険が大きいため、会社法は特別の規制を課しています。

COLUMN

会社設立に問題があった場合の責任はどうなる？

もし設立登記により会社が成立したとしても、出資が適切に行われていなかったり、設立手続に瑕疵（かし：欠陥のこと）があったりする場合があります。

発起人、設立時取締役および設立時監査役には、会社法により、会社設立に関する重い責任が課されています。例えば、これらの者が株式会社の設立について任務を怠ったときには、会社に対し、連帯して損害を賠償する責任を負います。

また、株式会社が設立登記によりいったん成立すると、事業活動が行われ、多数の第三者との間で法律関係が生じます。もし、会社の設立が法律上の規定に反して無効であるとして、いつでも、誰でも、遡及的に法律関係がなかったことを主張できるとすると、法律関係に混乱が生じ、多数の利害関係者に不測の損害を及ぼすおそれがあります。

そこで、会社法は、株式会社の設立無効は、会社成立日から２年以内に、株主、取締役等のみが、設立無効の訴えという裁判上の手続によってのみ主張できることとしました。

また、個々の株式引受人の意思表示に無効原因がある等の場合（主観的無効原因）には、株式会社の設立は影響を受けないものとし、設立手続が法の定める要求に合致していない場合（客観的無効原因）にのみ、株式会社の設立無効の訴えの対象となるものとしました。

株式会社の設立無効の判決が確定した場合、その効力は訴訟当事者だけでなく第三者にも及びます。

CHAPTER 3

株式および株主について理解しよう

「株式」という言葉をよく耳にしますが、これはどのようなものなのでしょうか？　また、「株主」には、どのような権利や責任があるのでしょうか？　本章では、株式会社に関するこれらの基本概念について解説します。

CHAPTER 3

1 株式とは？

株式は、株式会社に関する最も重要な概念です。ここでは、株式の意義、資本金との関係等について説明します。

1 株式の意義と資本金との関係

株式とは、株式会社の株主たる地位が、細分化され、割合的単位のかたちをとったものをいいます。

このように、株式が細分化された割合的単位のかたちをとっているため、少額の出資しかできない多数の者から多額の出資を集めて、大規模な企業をつくることも可能です。

株主は、株式会社の債権者に対し、出資額を限度として間接的に有限責任を負うにすぎないことから、株式会社の債権者としては、債権の引当となるのは、会社財産だけです。

そこで、株式会社は資本金（会社財産を確保するための基準となる一定の計算上の金額）を定め、この資本金の額に相当する会社財産を現実に保有しなければならないこととしています。

ところで、平成 17 年改正前の商法では、最低資本金制度が採られ、株式会社の最低資本金は 1000 万円、有限会社の最低資本金は 300 万円とされていました。しかし、平成 17 年制定の会社法は、最低資本金制度は会社債権者の保護には役立っておらず、会社設立を容易にする必要もあったことから、最低資本金制度を撤廃し、資本金の額が 1 円でも株式会社設立を可能としました。

FIGURE 21 株式と資本金の関係をめぐる法規制の変遷

昭和25年改正前の商法

定款に1株の金額の定めがあり、株券に券面額が表示される額面株式のみが発行されていた。

額面株式の券面額 × 発行済株式総数 = 株金総額 = 資本金の額

↓

平成13年改正商法

平成13年改正では、額面株式が廃止され、無額面株式（株券に券面額の記載がなく、株式数のみが記載される株式）のみに一本化されたことから、「株金総額」という概念がなくなり、株式と資本金の関係は基本的に切断された。

↓

現在の会社法

株式会社の資本金の額は、原則として、「設立または株式の発行に際して株主となる者が当該株式会社に対して払い込み、または給付をした財産の額」。ただし、払込みまたは給付にかかる額の2分の1以下の額は、資本金として計上せず、資本準備金として計上することができる。最低資本金制度は廃止。

株式…（切断）…資本金 ≦ 設立または株式の発行に際して株主となる者が当該株式会社に対して払い込み、または給付をした財産の額

2 発行済株式数の増加、または減少

株式会社は、様々な理由により、自社の発行済株式数を増加、または減少させる必要が生じることがあります。

例えば、1株あたりの株価が低くなりすぎると、出資額に見合わない株主管理コスト（例えば､株主総会招集通知の印刷･郵送の費用）が発生するという問題が生じます。逆に、1株あたりの株価が高くなりすぎると、株式の流動性が低くなってしまうため、高騰した株価を取引しやすい価格まで引き下げる必要性が出てきます。

発行済株式数を増加または減少させるには、次ページの表のとおり、いくつかの方法があります。

3 単元株制度

株式会社は、その発行する株式について、一定の数の株式をもって、株主が株主総会において1個の議決権を行使することができる1単元の株式（単元株）とする旨を、定款で定めることができます。

この単元株制度は、出資単位が小さい株式の発効済株式数が膨大になっている株式会社では、株主の管理コスト（例えば、株主総会招集通知の発送コスト）が大きな負担となるため、一定の数の株式をもって1単元にまとめることにより、株主の管理コストを小さくするために利用されます。「一定の数の株式」は、1000株以下、かつ発行済株式総数の200分の1以下でなければなりません。

1単元に満たない株式しか有しない株主（単元未満株主）は、株主としての権利が制限されます。例えば、単元未満株主には、株主総会における議決権が認められません。なぜなら、1単元について1議決権が認められるからです。

FIGURE 22 発行済株式数の増加または減少の方法

発行済株式数の増加の方法	**募集株式の発行**
	新株予約権の行使
	株式の分割：一律に既存の株式を分割してより多数の株式とすること。1株あたりの株価を引き下げるために利用される。必ず同じ種類の株式が付与される。自己株式についても分割可能。
	株式無償割当て：株主に対して新たに払込みをさせないで新株の割当てを行うこと。異なる種類の株式を付与することも可能。自己株式については割当て不可。
発行済株式数の減少の方法	**株式の消却**：特定の株式を消滅させること。会社は、自己株式を消却することができる。株式の消却をしても、資本金・資本準備金・利益準備金は当然には減少しない。
	株式の併合：一律に複数の株式を合わせて、より少数の株式とすること。1株あたりの株価を引き上げるために利用される。

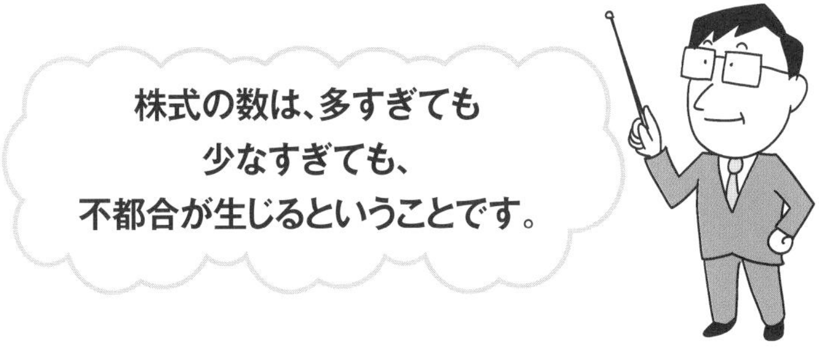

株式の数は、多すぎても
少なすぎても、
不都合が生じるということです。

4 株券不発行の原則

従来、株式会社は、原則として株券を発行しなければならないとされていましたが、平成 17 年制定の会社法は、原則として、株券の発行を要しないものとしました（株券不発行の原則）。つまり、原則と例外が逆転することになりました。

上記の制度変更が行われた理由は、もし株券を発行すると、商号変更などの場合に、会社は旧株券を回収して新株券を交付しなければならず、コストがかかること、株主が株券を紛失した場合には、株券の再発行を受けるまで株式譲渡ができないだけでなく、第三者に善意取得される可能性もあること、などです。

5 株券発行会社

株式会社は、定款に定めがあれば、株券を発行することが可能です。株券は、株主の地位を表す有価証券です。株券が発行される場合、株式の譲渡は、株券の交付により行われます。株券には、①会社の商号、②株券にかかる株式の数、③譲渡制限があるときは、その旨、④種類株式を発行しているときは、株券にかかる株式の種類、および数、⑤株券の番号、⑥代表取締役の署名または記名押印が記載されます。株券発行会社の場合でも、株主は、株券の不所持を会社に申し出ることができます（株券不所持制度）。

6 株式担保

株式は財産的価値のある権利であるため、担保の目的とすることができます。株式担保の方法としては、次ページの下表に掲げる方法があります。

FIGURE 23 株式振替制度

「社債、株式等の振替に関する法律」に基づき、株券を発行しない上場会社については、証券保管振替機構および証券会社等の口座において、電子データのやりとりにより株主の管理が行われる。

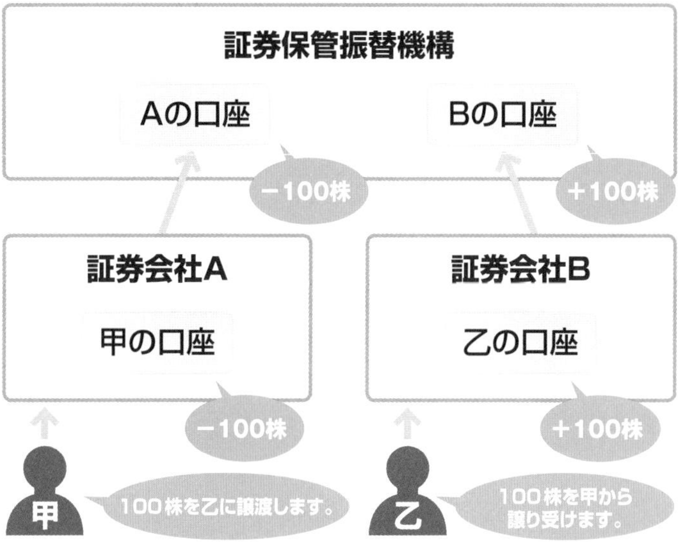

FIGURE 24 株式担保の方法

株式への質権設定（質入）	略式質……当事者の合意だけで質権設定され、株主名簿に記載または記録されないもの。
	登録質……質権者の氏名・名称および住所が株主名簿に記載または記録されるもの。
株式への譲渡担保設定	会社法には明文規定なし。実際にはよく利用される。

CHAPTER 3

2 株主とは？

株主とは、株式の所有者です。また、株式会社への出資者であり、株式会社の実質的所有者であるといわれることもあります。

1 株主の地位

株主は、株式の所有者であり、株式会社への出資者です。株主は、株式会社の債権者に対しては、直接には責任を負わず、出資額を限度として間接的に有限責任を負うにすぎません。株主の会社に対する権利には様々なものがありますが、次ページの上図のように分類することができます。

2 株主平等の原則

株式会社は、株主を、その有する株式の内容および数に応じて、平等に取り扱わなければなりません。このことを株主平等の原則といいます。株主平等の原則に反する定款または契約の規定は、無効となります。

少数株主権および単元株制度は、会社法自体が認める株主平等原則の例外といえます。

株主優待制度（一定数以上の株式を有する株主にのみ特別の優待的な扱いをする制度）が株主平等の原則に反するか否かについては議論があります。一般に、優待的取扱いの程度が軽微である場合には、株主平等の原則に反するとはいえないと考えられています。

FIGURE 25 株主の会社に対する権利

株主の会社に対する権利

- **自益権**
  株主が会社から経済的利益を受ける権利。例えば、剰余金配当請求権、残余財産分配請求権
- **共益権**
  株主が会社の経営に参加する権利
  - **単独株主権**
    1株だけでも有している株主が行使できる権利。例えば、株主総会における議決権
  - **少数株主権**
    議決権総数のうち一定の数または比率を有している株主だけが行使できる権利。例えば、株主総会招集請求権

FIGURE 26 株主優待で夢の0円生活

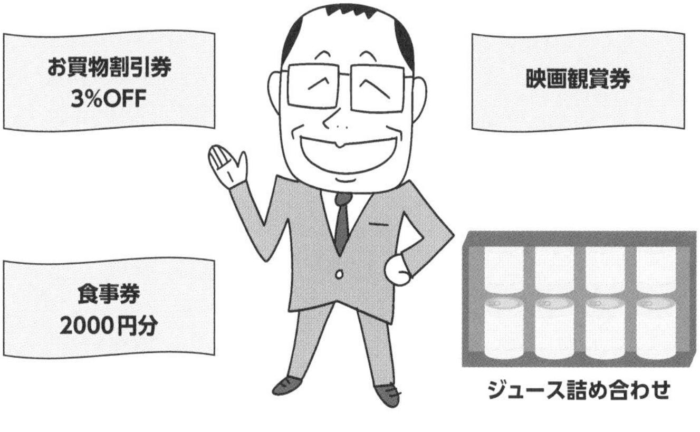

CHAPTER 3

3 利益供与は禁止されている

従来から、株式会社に対して金銭等を要求する総会屋、特殊株主の存在により、株主総会の適正な運用が妨げられるという問題が生じてきました。そこで、株主総会の適正な運用を図るため、昭和 56 年の商法改正により、利益供与の禁止が規定されました。

1 利益の供与とは

株式会社は、株主の権利の行使に関し、財産上の利益の供与（株式会社、またはその子会社の計算においてするものに限ります）をしてはなりません。株式会社が特定の株主に対して無償で財産上の利益の供与をしたときは、株式会社は株主の権利の行使に関し、財産上の利益の供与をしたものと推定されます。株式会社が特定の株主に対して有償で財産上の利益の供与をした場合において、株式会社、またはその子会社の受けた利益が財産上の利益に比して著しく少ないときも同様です。

2 利益供与に関与した者の責任

株式会社が会社法の規定に違反して財産上の利益の供与をしたときは、当該利益の供与を受けた者は、これを当該株式会社またはその子会社に返還しなければならず、また、当該利益の供与に関与した取締役は、当該株式会社に対して連帯して、供与した利益の価額に相当する額を支払う義務を負います。この取締役の支払い義務は、総株主の同意がなければ、免除することができません。株主の権利の行使に関し、財産上の利益の供与をした者、および利益の供与を受けた者には、**利益供与罪**が成立します。

FIGURE 27 利益供与に関する犯罪（会社法970条）

犯罪構成要件	刑罰
【利益供与罪（1項）】 取締役、会計参与、監査役、または執行役等、またはその他の株式会社の使用人が、株主の権利、当該株式会社にかかる適格旧株主の権利または当該株式会社の最終完全親会社などの株主の権利の行使に関し、当該株式会社またはその子会社の計算において財産上の利益を供与したとき	3年以下の懲役または300万円以下の罰金。自首したときは、刑を減軽または免除することができる
【利益受供与罪（2項）】 情を知って、前項の利益の供与を受け、または第三者にこれを供与させた者	3年以下の懲役、または300万円以下の罰金、または両方
【利益供与要求罪（3項）】 株主の権利、株式会社にかかる適格旧株主の権利、または当該株式会社の最終完全親会社等の株主の権利の行使に関し、当該株式会社またはその子会社の計算において第1項の利益を自己、または第三者に供与することを同項に規定する者に要求した者	3年以下の懲役、または300万円以下の罰金、または両方
【威迫を伴う利益受供与罪・利益供与要求罪（4項）】 第2項・第3項の罪を犯した者が、その実行について、第1項に規定する者に対し威迫の行為をしたとき	5年以下の懲役、または500万円以下の罰金、または両方

CHAPTER 3

4 株主代表訴訟による役員等の責任追及

株主は、株式会社のために、責任追及等の訴えを提起すること（株主代表訴訟）ができます。コーポレート・ガバナンス（会社の不正行為を防止し、適正な事業活動の維持・確保を実現すること。企業統治とも呼ばれます）の中心的な制度として重要です。

1 株主代表訴訟制度の趣旨

役員等が会社に責任を負う場合、監査役設置会社であれば、本来、監査役が会社を代表して、役員等の責任追及等の訴えを提起すれば足りるはずです。しかし、役員等がなれ合いになっているような場合に、監査役が会社を代表して役員等の責任追及などの訴えを提起することは、事実上期待できません。そこで、会社法は、6か月前から引き続き株式を有する株主は、監査役に対し、発起人、設立時取締役、設立時監査役、役員等の責任追及などの訴えの提起を請求することができるものとしました。そして、監査役が上記請求の日から60日以内に責任追及などの訴えを提起しないときは、請求をした株主は、株式会社のために、責任追及などの訴えを提起すること（株主代表訴訟）ができるものとしました。

2 多重代表訴訟

平成26年の会社法改正により、親会社株主が子会社や孫会社の取締役等に対する請求権を代位行使できる、という多重代表訴訟の制度が導入されました。これは、完全子会社や完全孫会社を実質的に支配している親会社の株主に、子会社や孫会社の取締役等に対する責任追及などの訴えの提起を認めるものです。

FIGURE 28 株主代表訴訟の手続

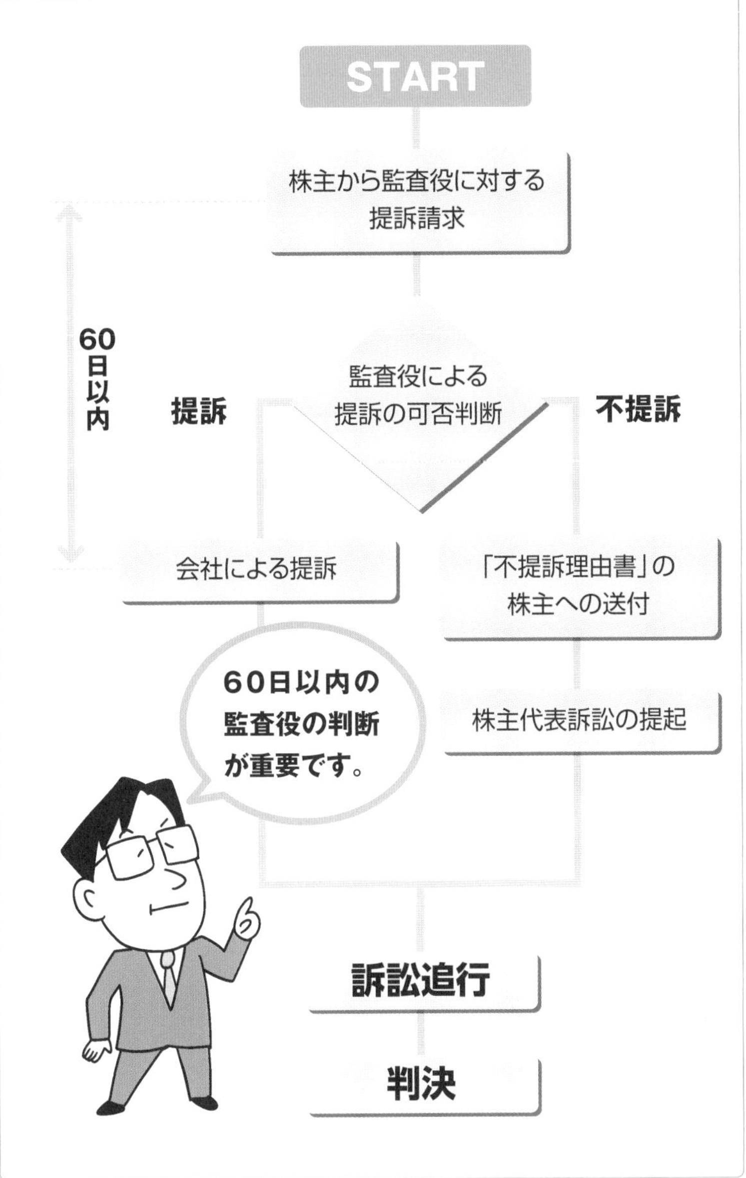

CHAPTER 3

5 株式譲渡は原則として自由

株主は、株式を自由に譲渡することができます。ただし、この原則には、数多くの例外があります。また、株式の譲渡は、株主名簿に記載しなければ、会社その他の第三者に対抗することができません。

1 株式譲渡自由の原則

株主は、原則として、その有する株式を自由に譲渡することができます。

一般に、①出資の払戻しが認められていない株主にとって、投下資本回収の手段として、株式の自由な譲渡を認める必要性があること、および②株式会社では株主の個性は重視されず、株式が譲渡されても会社にとって不都合は生じないという許容性があること、が理由とされています。

株式譲渡自由の原則には、次ページの表のとおり多くの例外があります。

2 株式の譲渡の方法

現在の会社法の下では、株式会社は、株券を発行しないのが原則です。株券不発行会社の場合、株式の譲渡は、当事者の意思表示のみによって行うことができます。

もし、株式会社が株券を発行する例外的な会社である場合、株式の譲渡は、当事者の意思表示および株券の交付によって行うことができます。

29 株式譲渡自由の原則の例外にはいろいろある

> 下表の場合には、譲渡人から譲受人
> への株券譲渡は自由に行うことが
> できません。

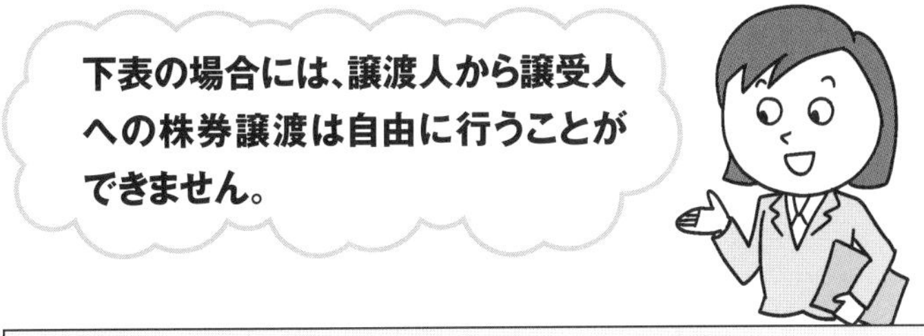

譲渡人 ❌➡ 譲受人	
株式譲渡自由の原則の例外	**理由**
会社設立または新株発行前の株式引受人の地位（権利株）の譲渡は、会社に対抗できない。	会社の事務処理上の便宜を図り、事務の混乱を防止するため。
株券発行会社において、株券発行前の株式譲渡は、会社に対し効力を生じない。	（同上）
株式会社は、定款において、株式譲渡には株式会社の承認を要すると定めることができる。	特に中小企業においては、会社にとって好ましくない者が会社経営に参加することを防止する必要があるため。
子会社は、原則として、その親会社株式を取得してはならない。	子会社と親会社の経済的一体性からして、子会社による親会社株式の取得を認めると、実質的に親会社の出資を払い戻したことになってしまうため。

CHAPTER 3

6 株主名簿は何のためにある？

株主名簿とは、株主に関する事項を明らかにするため、株式会社が作成し、備え置かなければならないとされている帳簿、または電磁的記録をいいます。その趣旨は、会社の事務処理上の便宜を図り、事務上の混乱を防止することにあります。

1 株主名簿を作成し備え置く義務

株主名簿の記載事項は、株主の氏名または名称、株主の有する株式の数、株主が株式を取得した日などです。株式会社は、株主名簿をその本店に備え置かなければなりません。株主および債権者は、株式会社の営業時間内はいつでも、その理由を明らかにして、株主名簿の閲覧または謄写の請求をすることができます。株式会社は、当該請求があったときは、原則として、これを拒むことができません。

2 基準日とは

株式会社が株主に対してする通知または催告は、株主名簿に記載または記録された当該株主の住所にあてて発すれば足ります。

ただし、株主は多数おり常に変動しているため、一定の基準となる日（基準日）を定めて、基準日において株主名簿に記載または記録されている株主（基準日株主）を、その権利を行使することができる者と定めることができます。基準日を定める場合、株式会社は、基準日株主が基準日から３か月以内に行使することができる権利の内容を定めなければなりません。実務上は、基準日を３月 31 日と定めて、その日から３か月以内である６月中に株主総会を開催することが、多くの企業により行われています。

FIGURE 30 株主名簿の名義書換えにより認められる効力

資格授与的効力	株主名簿に記載または記録された株主は、実質的権利を証明しなくても、真正な株主であると推定される。
免責的効力	会社は、株主名簿に記載または記録された株主に権利行使を認めれば、たとえその者が真正な株主ではなかったとしても、原則として、責任を負わされない。
対抗力	株主名簿の名義書換えを行わなければ、会社その他の第三者に対し、自己が真正な株主であることを対抗することができない。

FIGURE 31 会社が株主名簿の閲覧や謄写の請求を拒否できる場合

- 請求者がその権利の確保、または行使に関する調査以外の目的で請求を行ったとき。
- 請求者が当該株式会社の業務の遂行を妨げ、または株主の共同の利益を害する目的で請求を行ったとき。
- 請求者が当該株式会社の業務と実質的に競争関係にある事業を営み、またはこれに従事するものであるとき。
- 請求者が株主名簿の閲覧、または謄写によって知り得た事実を利益を得て第三者に通報するため請求を行ったとき。
- 請求者が、過去２年以内において、株主名簿の閲覧または謄写によって知り得た事実を利益を得て第三者に通報したことがあるものであるとき。

CHAPTER 3 7

株式の内容および種類の様々なタイプ

会社法は、株式会社がいろいろな内容・種類の株式を発行することを認めています。株式の多様性を認めることで、株式会社や出資者の様々な要求に応え、株式会社の資金調達を容易にします。

1 発行する全部の株式の３つのタイプ

株式会社は、その発行する全部の株式の内容として、次ページの上表に掲げる３つのタイプが認められています。また、株式会社は、本文62ページの表のように、内容の異なる複数の種類の株式（**種類株式**）を発行することができます。発行する全部の株式の内容として、次ページ上表の３つのタイプのいずれかを発行したり、種類株式を発行するためには、定款で一定の事項を定めなければなりません。

2 様々なタイプの株式を作り出すことができる

会社法は、株式会社が、その発行する全部の株式の内容について3つのタイプを認め、また、権利の内容の異なる複数の種類の株式(種類株式）を発行することを認めています。これらの制度をうまく組み合わせて構成すれば、様々なタイプの株式を作り出すことができます。比喩的にいえば、既製品の衣服を買ってくるのではなく、オーダーメイドで色やデザインを自由に選択・設計して新しい衣服を作り出すようなものです。例えば、「剰余金配当についての優先権があるが議決権の制限された株式」を発行すれば、剰余金配当にしか興味がない出資者にとっても、第三者に会社経営に関与してほしくない会社にとっても、好都合です。

FIGURE 32 発行する全部の株式の内容（3つのタイプ）

譲渡制限（付）株式	譲渡による当該株式の取得について当該株式会社の承認を要すること。株式会社の承認は、原則として、株主総会決議に基づくことを要するが、取締役会設置会社では取締役会決議に基づくことを要する。
取得請求権付株式	当該株式について、株主が当該株式会社に対してその取得を請求することができること。定款の定めに従い、株主は、自己の有する当該株式を会社に引き取らせる代わりに、社債や新株引受権等を交付してもらうことができる。
取得条項付株式	当該株式について、当該株式会社が一定の事由が生じたことを条件としてこれを取得することができること。この制度は、例えば、会社が自己株式を消却する目的で利用したり、企業防衛のために利用することが想定される。

FIGURE 33 出資者も株式会社も大満足！

FIGURE 34 権利内容の異なる複数種類の株式（種類株式）

剰余金配当に関する種類株式	①普通株……剰余金の配当または残余財産分配について優先も劣後もしない標準的な株式。 ②優先株……剰余金の配当または残余財産分配について優先的取扱いを受ける株式。 ③劣後株……剰余金の配当または残余財産分配について劣後的取扱いを受ける株式。 ④混合株……剰余金の配当または残余財産分配について優先的取扱いと劣後的取扱いの両方を受ける株式。
残余財産分配に関する種類株式	
議決権制限株式	株主総会決議事項の全部または一部について議決権を行使することができない株式。
譲渡制限付種類株式	譲渡による当該種類の株式の取得について当該株式会社の承認を要する株式。
取得請求権付種類株式	当該種類の株式について、株主が当該株式会社に対してその取得を請求することができる株式。
取得条項付種類株式	当該種類の株式について、当該株式会社が一定の事由が生じたことを条件としてこれを取得することができる株式。
全部取得条項付種類株式	当該種類の株式について、当該株式会社が株主総会の特別決議によってその全部を取得する株式。会社が全部の自己株式を取得・消却して株式をゼロにし（100%減資）、同時に新株を発行して会社の再生を図るために利用したり、敵対的買収の防衛策として利用する。
拒否権条項付種類株式	株主総会決議事項について、株主総会決議だけでなく、当該種類の株式の種類株主を構成員とする種類株主総会の決議があることを必要とする株式。当該種類株主総会の決議がないと株主総会決議事項について効力が生じないという意味で、拒否権が与えられたのと同じことになる。
取締役・監査役選任権付株式	当該種類の株式の種類株主を構成員とする種類株主総会において、取締役または監査役を選任する株式。例えば、ベンチャー企業である株式会社に対し、出資者が信頼できる人物を取締役、または監査役として送り込むために利用される。

CHAPTER 4

株式会社の機関を設計しよう

株式会社を運営していくためには、意思決定や業務執行を担う機関が必要です。株式会社の機関としては、少なくとも、株主総会と取締役が必要です。その他の機関としては、取締役会、代表取締役、監査役等があります。本章では、それぞれの機関の意義や権限等について説明します。

CHAPTER 4

1 株式会社の機関設計はかなり自由にできる

会社の機関とは、会社の意思決定や業務執行を担う組織です。会社法は、株式会社の機関として、最低限、株主総会と取締役を置くことを要求していますが、その他の機関については、かなり自由に設計することを認めています。

1 株式会社の機関設計の自由度

現在の会社法は、株式会社の機関に関して最低限のルールのみを定め、各株式会社における具体的な機関設計についての自由度を比較的大きくしています。一般的に、大会社*でも公開会社*でもない会社は機関設計の自由度が比較的大きいのに対し、大会社であり公開会社でもある会社は機関設計の自由度が比較的小さいといえます。

2 パターンごとの可能な機関設計

「大会社でも公開会社でもない会社」、「大会社であるが公開会社ではない会社」、「大会社ではないが公開会社である会社」、「大会社であり公開会社でもある会社」の4つのパターンごとに、どのような機関設計が可能かを示すと、次ページの表のようになります。

「大会社」および「公開会社」の概念については、「1-6節」で説明しましたので参照してください。なお、いずれのパターンの場合も、株主総会を必ず設置しなければならず、また、会計参与を任意に設置することができます。監査等委員会設置会社*は、平成26年改正により新たに認められたものです。

*大会社　会社法上の定義で、資本金5億円以上、または負債額合計200億円以上の会社。
*公開会社　株式譲渡について、株式会社の承認を要する旨の定款の定めをいっさい設けていない会社。
*監査等委員会設置会社　監査等委員として選定された取締役からなる「監査等委員会」を置く会社。

FIGURE 35 4つのパターンにおける機関設計

大会社でも公開会社でもない会社で可能な機関設計

- 株主総会+取締役
- 株主総会+取締役+監査役
- 株主総会+取締役会+監査役
- 株主総会+取締役会+監査役会
- 株主総会+取締役会+会計参与
- 株主総会+取締役+監査役+会計監査人
- 株主総会+取締役会+監査役+会計監査人
- 株主総会+取締役会+監査役会+会計監査人
- 株主総会+取締役会+監査等委員会+会計監査人
- 株主総会+取締役会+指名委員会等+会計監査人

大会社であるが公開会社ではない会社で可能な機関設計

- 株主総会+取締役+監査役+会計監査人
- 株主総会+取締役会+監査役+会計監査人
- 株主総会+取締役会+監査役会+会計監査人
- 株主総会+取締役会+監査等委員会+会計監査人
- 株主総会+取締役会+指名委員会等+会計監査人

大会社ではないが公開会社である会社で可能な機関設計

- 株主総会+取締役会+監査役
- 株主総会+取締役会+監査役会
- 株主総会+取締役会+監査役+会計監査人
- 株主総会+取締役会+監査役会+会計監査人
- 株主総会+取締役会+監査等委員会+会計監査人
- 株主総会+取締役会+指名委員会等+会計監査人

大会社であり公開会社でもある会社で可能な機関設計

- 株主総会+取締役会+監査役会+会計監査人
- 株主総会+取締役会+監査等委員会+会計監査人
- 株主総会+取締役会+指名委員会等+会計監査人

CHAPTER 4

2 株主総会とは？

株主総会は、株式会社の実質的所有者である株主全員で構成され、会社の意思を決定する機関です。ここでは、株主総会の権限や招集などについて説明します。

1 株主総会の権限

株主総会の権限は、取締役会設置会社の場合か否かにより若干異なります。取締役会非設置会社における株主総会は、株式会社の組織、運営、管理その他株式会社に関するすべての事項について決議をすることができます。これに対し、取締役会設置会社における株主総会は、会社法および定款で定められた会社の基本的事項についてのみ決議をすることができます。

2 株主総会の招集手続

定時株主総会は、毎事業年度の終了後一定の時期に招集されます。実際上、多くの株式会社では、毎年６月に定時株主総会が開催され、計算書類の承認を含む重要な決議が行われます。また、必要がある場合には、いつでも、臨時株主総会を招集することができます。

取締役会非設置会社における株主総会は、取締役が招集します。取締役会設置会社における株主総会は、開催の日時、場所、議題等に関する取締役会決議に基づき、代表取締役が招集します。株主総会を招集するには、取締役は、株主総会の日の一定期間前までに、株主に対してその開催の日時、場所、議題等に関する通知を発しなければなりません。株主総会は、株主の全員の同意があるときは、原則として、招集手続を経ることなく開催することができます。

OnePoint **株主総会の開催場所**

平成17年改正会社法は、株主総会の開催場所に関する規制を廃止しました。これにより、会社の本店所在地、および隣接する地以外の場所で株主総会を開催することが可能となりました。

OnePoint **株主総会資料**

株主総会資料は、株主総会招集通知とともに書面で提供されるのが原則でしたが、印刷・郵送にかかる時間・費用のコストが負担になっていました。そこで、令和元年改正会社法は、定款で定めることにより、株主総会資料をウェブサイト等に掲載し、株主に対しURLを書面で通知する等の方法（電子提供制度）によることができるものとしました。

FIGURE 36 **株式総会の権限**

取締役会がない場合 → **株主総会は、すべての事項について決議できる！**

取締役会がある場合 → **株主総会は、会社の基本的事項のみ決議可能**

FIGURE 37 **定時株主総会の招集手続の流れ**

3月31日 多くの会社では、決算日は3月31日

定時株主総会招集通知

公開会社の場合は2週間以上、公開会社でない会社の場合は1週間以上の期間をあける

6月 多くの会社では、毎年6月に定時株主総会を開催

CHAPTER 4

3 株主総会の議事運営と決議はどのように行えばよいか

株主総会は、議長の開会宣言により開始し、閉会宣言により終了します。株主総会の議事運営および決議は、どのように行われるのでしょうか？

1 議事運営

株主総会の議長は、実際上多くの会社では、定款で定められています。議長は、①当該株主総会の秩序を維持し、議事を整理するほか、②命令に従わない者、その他当該株主総会の秩序を乱す者を退場させることができます。

株主総会の議題および議案は、通常、会社の方で準備・提出されますが、一定の要件を満たす株主の方から提案することもできます。株主が株主総会において議題を提案する権利、および議案を提出する権利を合わせて、株主提案権といいます。株主提案権の濫用的な行使を制限するため、令和元年改正会社法により、株主は1人あたり10個までしか、株主提案の議案の要領の通知を請求できないこととされました。

株主は、株主総会における質問権を有します。取締役、会計参与、監査役および執行役は、株主総会において、株主から特定の事項について説明を求められた場合には、当該事項について必要な説明をしなければなりませんが、当該事項が株主総会の目的である事項に関しないものである場合、その説明をすることにより株主の共同の利益を著しく害する場合、その他、正当な理由がある場合は、説明を要しません。

FIGURE 38 株主総会

○○株式会社
第○回定時株主総会
ご異議ございませんか。
議長
パチパチ
パチパチ
異議なし!
異議なし!

FIGURE 39 株主総会のシナリオ

時間の流れ

①議長就任宣言、開会宣言、株主数および議決権数の報告

②監査報告

③決議事項に関する説明

④質問、審議、採決

⑤閉会宣言

2 決議

株主総会の決議方法には、普通決議、特別決議、および特殊決議の３種類があります。議決権を行使することができる株主の議決権の過半数を有する株主が出席し、出席した当該株主の議決権の過半数をもって行う決議を普通決議といい、この普通決議が最も原則的な決議方法です。

株主総会の議事については、議事録を作成しなければなりません。株式会社は、株主総会の日から 10 年間、上記の議事録をその本店に備え置かなければなりません。また、株主および債権者は、株式会社の営業時間内は、いつでも、上記の議事録の書面または電磁的記録の閲覧、または謄写等の請求をすることができます。

株主は、株主総会において、その有する株式１株につき１個の議決権を有します（一株一議決権の原則）。次ページの上表のとおり、一定の場合には、株主の議決権の行使が制限されます。

例えば、A 社が B 社の総株主の議決権の４分の１以上を有するか、または A 社が B 社の経営を実質的に支配することが可能な関係にある場合に、B 社も A 社の株式を保有しているという事例を想定してみましょう。

この場合に、B 社による A 社株式の議決権行使を可能とすると、A 社の経営陣が、B 社による A 社株式の議決権行使を自己にとって都合のいいようにコントロールすることが可能になり、議決権行使を歪曲化することにつながります。そこで、当該事例の場合、B 社による A 社株式の議決権行使はできないものとされます。

FIGURE 40 株主の議決権の行使の制限

議決権制限株式	株主総会における議決権の行使に制限が加えられた種類株式。
自己株式	株式会社は、自己株式については議決権を有しない。
相互保有株式	株式会社がその総株主の議決権の4分の1以上を有すること、その他の事由を通じて株式会社がその経営を実質的に支配すること、が可能な関係にある株主は議決権を有しない。
単元未満株主	単元株制度を採用している株式会社では、1単元について1議決権が与えられるため、単元未満株主は議決権を有しない。

FIGURE 41 相互保有株式の事例

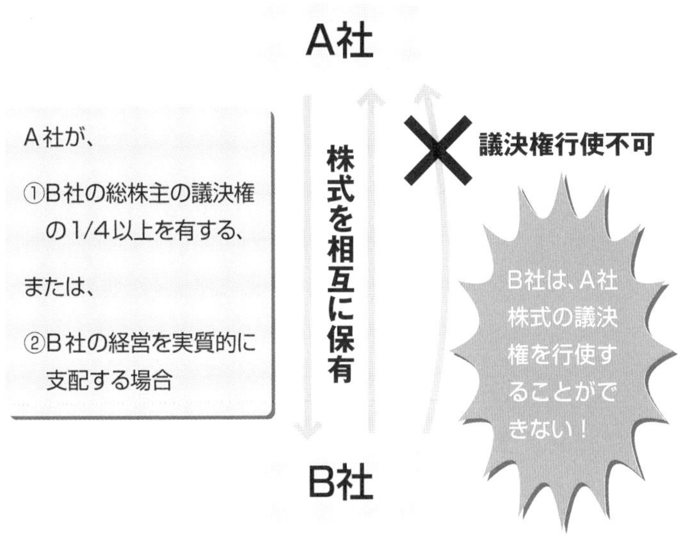
A社
A社が、
①B社の総株主の議決権の1/4以上を有する、
または、
②B社の経営を実質的に支配する場合
株式を相互に保有
議決権行使不可
B社は、A社株式の議決権を行使することができない！
B社

3 議決権の行使方法

株主の議決権は、株主自らが株主総会に出席して行使するのが原則です。ただし、会社法は、下表のとおり、他の行使方法も認めています。株主は、代理人によってその議決権を行使することができます（議決権の代理行使）。「議決権行使の代理人は株主に限る」との定款の定めは、一般的には有効と考えられますが、議決権行使を認めても会社の利益が害されるおそれがない場合は、定款の定めは排除されるという最高裁判決があります。

▼会社法が認める議決権の行使方法

議決権の代理行使	株主は、代理人によってその議決権を行使することができる。この場合、当該株主または代理人は、代理権を証明する書面を株式会社に提出しなければならない。
書面による議決権行使（書面投票制度）	取締役は、株主総会を招集する場合に、株主総会に出席しない株主が書面によって議決権を行使することができる旨を定めることができる。
電磁的方法による議決権行使（電子投票制度）	取締役は、株主総会を招集する場合に、株主総会に出席しない株主が電磁的方法（例えば、電子メール）によって議決権を行使することができる旨を定めることができる。
議決権の不統一行使	株主は、複数の議決権を有する場合に、その有する議決権を統一しないで行使することができる。取締役会設置会社においては、上記の株主は、株主総会の日の3日前までに、議決権の不統一行使をする旨、およびその理由を通知しなければならない。株式会社は、上記の株主が他人のために株式を有する者でないときは、議決権の不統一行使を拒むことができる。

4 株主総会決議の瑕疵

株主総会の手続や決議内容などに何らかの瑕疵（かし）や欠陥があった場合に、誰でも、いつでも、株主総会決議の無効等を主張することができるとすると、法的安定性を害するおそれがあります。

なぜなら、株主総会決議がいったん成立すると、多数の利害関係人により株主総会決議を前提に多数の法律関係が形成されていくため、あとで株主総会決議の効力をなかったものとすると、多数の利害関係人に不測の損害を及ぼし、著しい混乱が生じる可能性があるからです。そこで、会社法は、法律関係の画一的処理と法的安定性を図るため、下表のとおり、３つの訴えを規定しています。

▼株主総会決議の瑕疵を争う３つの訴え

	決議取消しの訴え	決議無効確認の訴え	決議不存在確認の訴え
訴えの原因	①招集手続または決議方法が法令・定款に違反し、または著しく不公正なとき、②決議内容が定款に違反するとき、または③決議について、特別利害関係者が議決権を行使したことにより、著しく不当な決議がされたとき。なお、上記のいずれかに該当する場合であっても、違反事実が重大でなく、かつ決議に影響を及ぼさないときは、決議取消しが認められない（裁量棄却）	決議内容が法令に違反するとき	決議が法律上存在すると認められないとき
提訴権者	株主、取締役、監査役、執行役または清算人	誰でも可	誰でも可
提訴期間	決議の日から３か月以内	いつでも可	いつでも可
訴えの性質	形成訴訟。必ず訴えによることを要する	確認訴訟。訴えによらなくても主張可	確認訴訟。訴えによらなくても主張可
判決の効力	訴訟当事者だけでなく第三者にも及ぶ（対世効）	訴訟当事者だけでなく第三者にも及ぶ（対世効）	訴訟当事者だけでなく第三者にも及ぶ（対世効）

CHAPTER 4

4 取締役、取締役会、代表取締役とは？

株式会社が事業を行っていくためには、業務執行について会社の意思を決定する取締役会、および実際に業務執行を担う取締役・代表取締役が必要です。

1 取締役

(1) 取締役の意義

取締役は、取締役会非設置会社におけるものと、取締役会設置会社におけるものとで、その意義が異なります。

取締役会非設置会社における取締役は、会社の業務執行を担うと共に、会社を代表する権限を有します。

これに対し、取締役会設置会社における取締役は、取締役会の一構成員にすぎず、取締役自身は会社の機関とはいえません。取締役会設置会社においては、取締役会が、

①業務執行の決定
②取締役の職務の執行の監督
③代表取締役の選定および解職

を行います。代表取締役は、取締役会設置会社において、業務を執行し、かつ会社を代表する必要的機関です。

取締役は、株主総会の普通決議で選任されます。

取締役の任期は、原則として、選任後 2 年以内に終了する事業年度のうち、最終のものに関する定時株主総会の終結のときまでです。取締役の数は、原則として何人でもよいのですが、取締役会設置会社の場合は 3 人以上必要です。

FIGURE 42 取締役・取締役会・代表取締役の関係

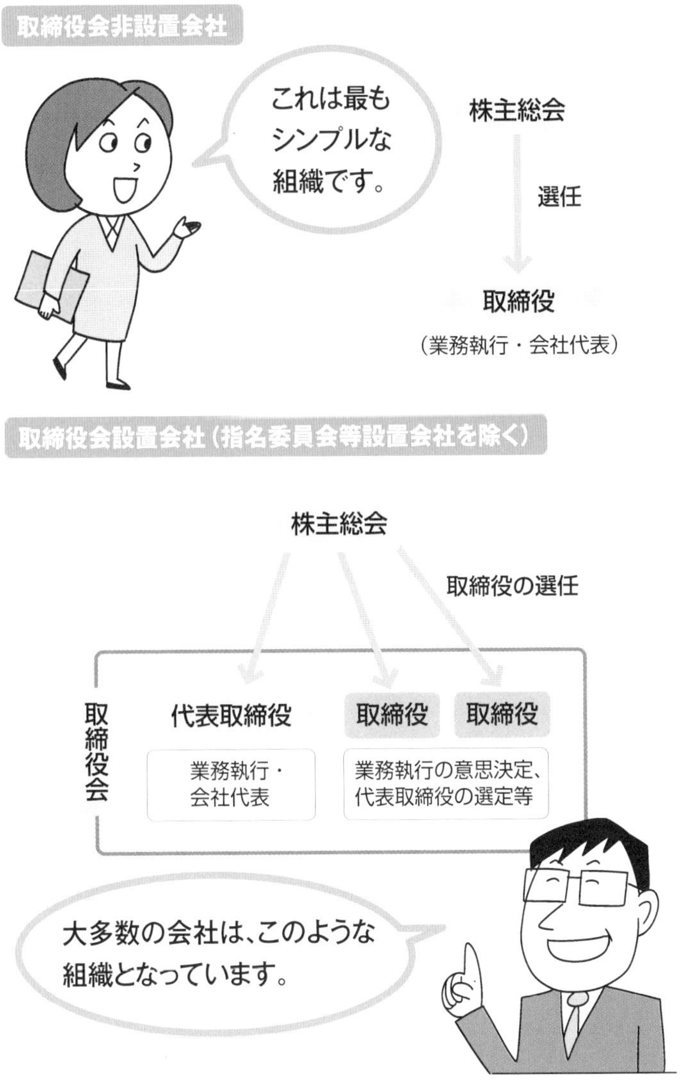

(2) 取締役の会社に対する義務

取締役の会社に対する義務のうち、善管注意義務とは、善良なる管理者の注意義務をいいます。また、忠実義務とは、法令および定款、ならびに株主総会の決議を遵守し、株式会社のため忠実にその職務を行わなければならない義務をいいます。

競業避止義務とは、取締役が自己または第三者のために株式会社の事業の部類に属する取引をしようとするときに、株主総会において、当該取引につき重要な事実を開示し、その承認を受けなければならない義務をいいます。なぜなら、取締役は、会社の内部の情報、営業秘密、ノウハウ等を知り得る立場にあり、もし、当該取締役が自由に会社の事業の部類に属する取引を行うことができるとすると、会社の取引先を奪うなど、会社の利益を犠牲にして、自己または第三者の利益を図ろうとする危険があるからです。

なお、取締役会設置会社の場合は、取締役会において、当該取引につき重要な事実を開示し、その承認を受けなければならないと共に、当該取引後、遅滞なく、当該取引についての重要な事実を取締役会に報告しなければなりません。

例えば、ある株式会社が何らかの物の販売事業を行っている場合に、当該株式会社の取締役が同種の物の販売事業を行うことは、「取締役が、自己または第三者のために当該株式会社の事業の部類に属する取引をしようとするとき」(競業取引)に該当します。

取締役が上に述べた承認を得ないで行った競業取引であっても、取引の安全のため、有効と考えられます。ただし、当該競業取引を行った取締役は、会社に対して損害賠償責任を負い、会社が被った損害を賠償しなければなりません。

FIGURE 43 取締役会の義務と責任

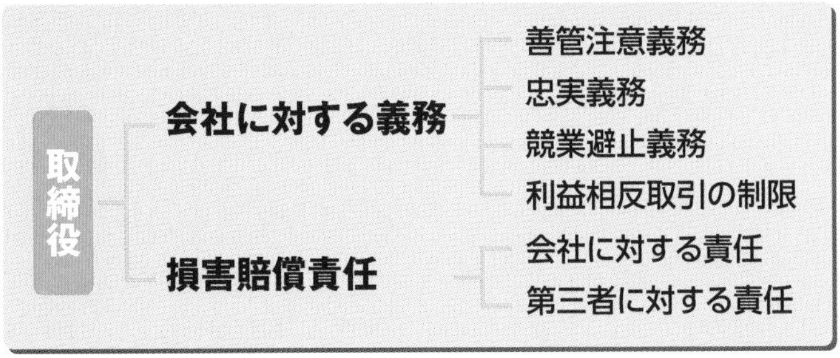

FIGURE 44 競業取引の事例

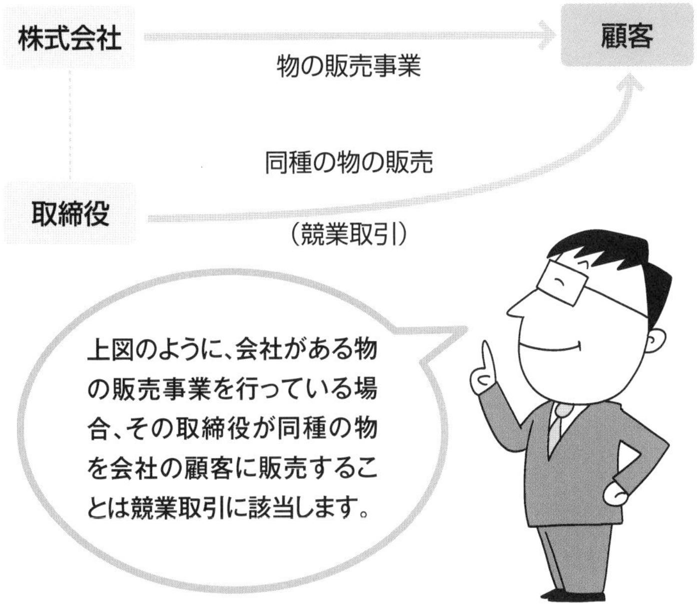

株式会社
顧客
物の販売事業
同種の物の販売
取締役
(競業取引)
上図のように、会社がある物の販売事業を行っている場合、その取締役が同種の物を会社の顧客に販売することとは競業取引に該当します。

利益相反取引の制限とは、①取締役が自己または第三者のために株式会社と取引をしようとするとき、または②株式会社が取締役の債務を保証することその他、取締役以外の者との間において株式会社と当該取締役との利益が相反する取引をしようとするとき、株主総会において、当該取引につき重要な事実を開示し、その承認を受けなければならない義務をいいます。

なぜなら、取締役が、自己の地位を利用して、上記のような、会社と利益が相反する行為を自由に行うことを認めると、会社の利益を犠牲にして、自己または第三者の利益を図ろうとする危険があるからです。

なお、利益相反取引の制限の場合も、取締役会設置会社の場合は、取締役会において、当該取引につき重要な事実を開示し、その承認を受けなければならないと共に、当該取引後、遅滞なく、当該取引についての重要な事実を取締役会に報告しなければなりません。

取締役が上に述べた承認を得ないで行った利益相反取引（直接取引）は、利益相反取引が制限された趣旨から、原則として無効であると考えられます。しかし、取引の安全のため、利害関係を持った第三者を保護する必要があることから、会社は利益相反取引の承認のなかったことを知らなかった善意の第三者に対しては、無効を主張できないと考えられます。

これに対し、会社と第三者の取引である間接取引の場合は、承認のない利益相反取引であっても原則として有効であり、会社は第三者が承認のなかったことについて知っていた（悪意）場合に限り、無効を主張できるというのが判例です。

FIGURE 45 利益相反取引の２つのパターン

利益相反取引の制限①（直接取引）

取締役が自己または第三者のために株式会社と取引をしようとするとき

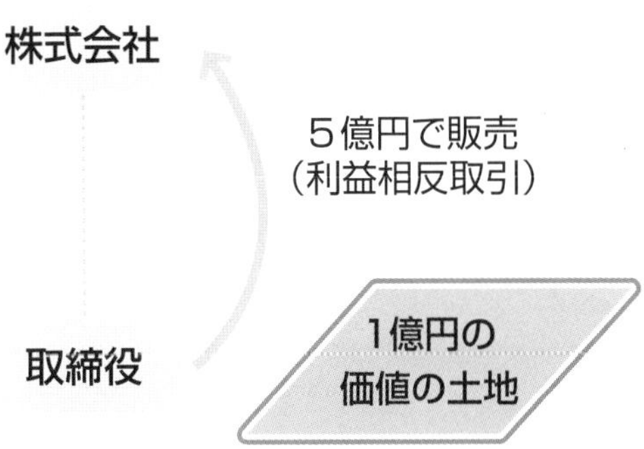

利益相反取引の制限②（間接取引）

株式会社が取締役の債務を保証することその他、取締役以外の者との間において株式会社と当該取締役との利益が相反する取引をしようとするとき

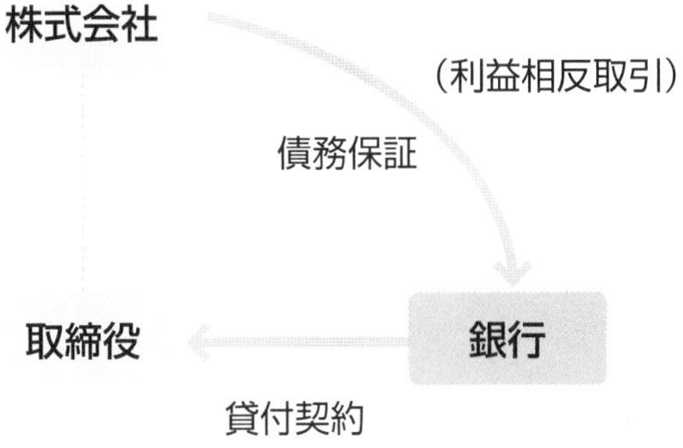

(3) 取締役の会社に対する損害賠償責任

取締役などは、その任務を怠ったときは、株式会社に対し、これによって生じた損害を賠償する責任を負います。取締役は、法令および定款、ならびに株主総会の決議を遵守し、株式会社のため忠実にその職務を行わなければならないため、取締役が具体的な法令の規定に違反した場合だけでなく、善管注意義務や忠実義務に違反した場合にも、取締役の会社に対する損害賠償責任が発生します。

しかし、取締役が会社の利益のために最善を尽くしたものの、結果的には裏目に出て、会社に損害を生じさせてしまうことがあります。このような場合にまで、取締役は常に損害賠償責任を負わなければならないとすることは、その取締役にあまりに酷となりますし、また、将来における取締役による判断が過度に消極的となり、会社にとってもビジネスチャンスを逃すことになりかねません。そもそも経営判断にはリスクがつきものであることからすると、取締役が合理的な経営判断に基づき行った行為は尊重されるべきで、結果的に会社に損害が生じたとしても、取締役の責任を問うべきではないという考え方（**経営判断の原則**）が、最近は判例でも採用されるようになりました。取締役の善管注意義務違反を問うためには、

①取締役の判断の前提となった事実の認識に、重要かつ不注意な誤りがあったこと

または、

②意思決定の過程もしくは内容が、企業経営者として特に不合理・不適切なものであったこと

が必要と考えられています。

FIGURE 46 取締役等の責任の免除・軽減

取締役等の責任の免除・軽減

総株主の同意による責任免除

株主数が多い会社では実際上、免除は困難

株主総会決議による責任軽減

取締役等が職務を行うにつき、善意でかつ重大な過失がないときは、責任の軽減が可能

定款の定めによる責任軽減

取締役会決議による責任軽減

監査役設置会社、監査等委員会設置会社、または指名委員会等設置会社は、取締役等が職務を行うにつき善意でかつ重大な過失がないときは、他の取締役の過半数の同意によって、責任を一部免除することができる旨を定款で規定できる

契約による責任軽減

非業務執行取締役等が職務を行うにつき善意でかつ重大な過失がないときは、定款で定めた額の範囲内で①あらかじめ会社が定めた額と、②最低責任限度額のいずれかの高い方を限度とする旨を定款で規定できる

優秀な人材を社外取締役として招へいするために、契約で定めておくとよい

2 取締役会

取締役会とは、取締役全員で組織され、①取締役会設置会社の業務執行の決定、②取締役の職務執行の監督、③代表取締役の選定および解職を行う機関です。原則として、取締役会の1週間前までに、すべての取締役（および監査役）に取締役会の招集を通知します。すべての取締役（および監査役）の同意があれば、招集手続がなくても取締役会を開催できます。招集は各取締役が行いますが、定款または取締役会で特定の取締役に招集権限を与えることも可能です。

各取締役は、それぞれ1個の議決権を有します。決議に加わることができる取締役の過半数（これを上回る割合を定款で定めることも可能）が出席し、その過半数（これを上回る割合を定款で定めることも可能）をもって行います。決議に特別の利害関係を有する取締役は、議決に加わることができません。取締役会が取締役に委任できない重要な業務執行の決定事項としては、

①重要な財産の処分および譲受け
②多額の借財
③支配人その他の重要な使用人の選任、および解任
④支店その他の重要な組織の設置、変更および廃止
⑤社債を引き受ける者の募集に関する重要な事項
⑥取締役の職務の執行が法令、および定款に適合することを確保するための体制、その他、株式会社の業務の適正を確保するために必要な体制（内部統制システム）の整備
⑦取締役等の会社に対する損害賠償責任の免除

があります。

OnePoint 内部統制システム

会社の内部統制システムは、事業報告の記載内容となり、また、監査役による監査の対象となります。

FIGURE 47 取締役会の招集権者

取締役会の招集権者

- 原則として各取締役。特定の取締役に招集権限を与えることも可能
- 例外
  - ①招集権限のない取締役であっても、招集権者に対し、招集を請求することができる。請求後5日以内に招集通知が発せられない場合、上記取締役が自ら招集できる
  - ②株主は、取締役が会社の目的の範囲外の行為、その他法令もしくは定款に違反する行為をし、またはそのおそれがある場合、取締役会の招集を請求できる
  - ③監査役は、必要がある場合、取締役に対し、取締役会の招集を請求できる。請求後5日以内に招集通知が発せられない場合、上記監査役が自ら招集できる

3 代表取締役

代表取締役とは、取締役の中から選定され、会社の業務を執行し、会社を代表する機関です。代表取締役は、必ずしも1人とは限らず、何人でもかまいません。

代表取締役は、取締役会設置会社では、取締役会決議により選定されます。それ以外の会社では、定款、取締役の互選または株主総会決議により選定されます。代表取締役は

①取締役の資格の喪失
②代表取締役の任期の満了
③辞任
④取締役会による解職

により退任します。

代表取締役が、必要な取締役会決議を経ずに取引行為をした場合であっても、当該取引行為は内部的意思決定を欠くにとどまり、原則として有効であって、取引の相手方が上記のように決議を経ていないことを知り、または知り得べきときに限って無効であるとするのが判例です。

また、代表取締役が、自己の利益を図るために、表面上は会社の代表者として契約を締結した場合（代表権濫用行為）、当該契約は原則として有効ですが、契約の相手方が代表取締役の真意を知り、または知り得べきときは無効であるとするのが判例です。

会社は、代表権のない取締役に、社長、副社長、専務取締役などのような代表権があると認められる名称を付した場合（その取締役を表見代表取締役といいます）、当該取締役がした行為について、善意の第三者に対してその責任を負わなければなりません。

FIGURE 48 代表取締役の権限

権限

業務執行権

日常業務に関する意思決定と実行は、取締役会から代表取締役に委任されたと推定される

代表権

会社の業務執行に関するいっさいの裁判上、または裁判外の行為をする代表取締役の権限に制限を加えても、善意の第三者に対抗することはできない

私が、社長の山田です。
実は、代表権は持っていない（表見代表取締役）のだが黙っておこう。
●●株式会社
社長　山田太郎

4 社外取締役

社外取締役とは、株式会社の取締役であって、当該株式会社またはその子会社の業務執行取締役、執行役、支配人その他の使用人でなく、かつ、その就任の前10年間、当該株式会社またはその子会社の業務執行取締役、執行役、支配人、その他の使用人であったことがない者等をいいます。

社外取締役は、会社との利害関係が小さい社外の者を取締役に加えることで、経営および監督の透明性を確保しようとする制度です。平成26年改正会社法は、社外取締役の設置を義務付けるのではなく、「従え、さもなければ説明せよ」という原則により、社外取締役の設置を推奨するという方策を採用しました。すなわち、事業年度の末日において監査役会設置会社（公開会社かつ大会社に限る）で有価証券報告書提出義務のある会社が、社外取締役を設置していない場合、取締役は、定時株主総会において、社外取締役を設置することが相当でない理由を説明し、事業報告等に理由を記載しなければならいものとしました。その後、令和元年改正会社法は社外取締役の設置を義務付けました。また株式会社と取締役とが利益相反状況にあるとき、取締役会決議により社外取締役に業務執行を委託することができるものとしました。

5 会計参与

会計参与とは、取締役と共同して、計算書類等を作成する職務を有する会社の機関です。会計参与は、取締役や監査役と同様に、会社の役員ですが、会計参与を設置するか否かは、会社の任意です。会計参与は、公認会計士、監査法人、税理士、または税理士法人の中から株主総会決議で選任されます。

FIGURE 49 取締役の報酬と責任の調整（令和元年改正）

株式会社の取締役は、高額の報酬を受けることができる可能性がある一方、重い法的責任を負わされているため、その責任と報酬のバランスをうまくとる必要性が指摘されてきた。そこで、令和元年改正会社法は、取締役の報酬と責任の調整を図るための規定を置いた。

●取締役の報酬に関する調整

従来の制度・運用の問題点	令和元年改正による調整
「お手盛り防止」の観点から、株主総会決議によって、取締役全員の報酬総額の最高限度のみを定めて、各取締役に対する配分の決定は取締役会に委任するという運用が行われてきた。しかし、各取締役の報酬の決定過程が不透明である。	監査役会設置会社（公開・大会社に限る）および監査等委員会設置会社においては、各取締役の個別の報酬の決定方針を取締役会が定め、その概要を開示する義務を負わせた。
株式会社が取締役に対して株式等を報酬として付与する場合、いったん、金銭で報酬を付与しておき、取締役がこの金銭を株式の払込みにあてる等の運用が行われてきた。実質的には株式等が報酬として付与されたのと同じであるのに、株主にとってはわかりにくい。	取締役の報酬として、取締役からの金銭の払込み等を要せずに、株式または新株予約権を付与することができるものとし、その付与にかかる株主総会の決議事項に、株式または新株予約権の数の上限を加えた。

●取締役の責任に関する調整

	会社補償	役員等賠償責任保険（D&O保険）
定義	役員等の責任を追及する訴えが提起された場合に、株式会社が役員等に訴訟の防御費用や賠償金・和解金を補償すること。	役員等の責任を追及する訴えが提起された場合に役員等に生じる損害を株式会社が塡補することを目的として、役員等を被保険者として株式会社が保険会社と締結する賠償責任保険。
手続	①株式会社が補償契約の内容を決定するには、取締役会決議（取締役会非設置会社においては、株主総会決議）を要する。 ②補償をした取締役および補償を受けた取締役は、補償についての重要な事実の取締役会への報告義務を負う。	①株式会社がD&O保険の内容を決定するには、取締役会決議（取締役会非設置会社においては、株主総会決議）を要する。 ②公開会社である株式会社は、D&O保険に関する事項を事業報告の内容に含めて開示する義務を負う。

CHAPTER 4 5

監査役、監査役会、会計監査人とは？

株式会社においては、意思決定や業務執行を担う機関だけでなく、監査を行う機関が設置されることがあります。監査に関連する機関として、監査役、監査役会、および会計監査人について説明します。

1 監査役

監査役とは、取締役の職務執行を監査する機関です。原則として、監査役を設置するか否かは会社の任意ですが､取締役会設置会社（監査等委員会設置会社、および指名委員会等設置会社を除く）では、原則として、監査役を設置しなければなりません。

監査役の監査は、会計監査と業務監査を含みます。会社法によると、監査役は、取締役の業務執行について「法令もしくは定款に違反し、または著しく不当な事項がある」と認めるときは、それについての調査の結果を株主総会に報告しなければなりません。

監査役は、株主総会の普通決議で選任されます。監査役の任期は、原則として、選任後４年以内に終了する事業年度のうち、最終のものに関する定時株主総会の終結のときまでです。

監査役の数は、原則として何人でもよいのですが、監査役会設置会社においては、監査役は３人以上で、そのうち半数以上は社外監査役でなければなりません。監査役は、株式会社またはその子会社の取締役、支配人その他の使用人、または当該子会社の会計参与もしくは執行役を兼ねることはできません。

後述の会計監査人は、取締役の不正行為または法令定款違反行為を発見した場合、遅滞なく、監査役・監査役会に報告しなければなりません。

OnePoint 監査役の監査範囲限定の登記

平成 26 年改正会社法により、監査役の監査範囲を会計監査に限定するためには、すでに当該限定をしている会社であっても、監査範囲の限定の登記をしなければならなくなりました。

FIGURE 50 監査役の監査

- **会計監査**
- **業務監査**
  - **適法性監査**
    法令に適合しているか否かについての監査
  - **妥当性監査**
    経営上の判断として妥当か否かについての監査

FIGURE 51 監査役の監査に関する権限と義務

- **権限**
  - 事業報告要求、業務財産調査権
  - 取締役の違法行為に対する差止調査権
  - 会社代表権
- **義務**
  - 監査報告作成義務
  - 取締役への不正行為報告義務
  - 取締役会出席、意見陳述義務
  - 株主総会への報告義務

2 監査役会

監査役会とは、監査役全員で構成され、監査報告の作成、常勤監査役の選定・解職、監査役の職務執行に関する事項の決定を行う機関です。

監査役会が設置されても、監査役が独任制の機関であることに変わりはありません。しかし、監査役会を設置することにより、監査役の間で情報を交換・共有して、監査を適切かつ効率的に行うことが図られています。

大会社（公開会社でないもの、監査等委員会設置会社、および指名委員会等設置会社を除く）は、監査役会を置かなければなりません。その他の株式会社では、監査役会を設置するか否かは任意とされています。

3 会計監査人

会計監査人とは、株式会社の計算書類、およびその附属明細書、臨時計算書類、ならびに連結計算書類を監査する外部監査人です。

会計監査人は、会計監査報告を作成しなければなりません。大規模な会社の企業会計は複雑になるため、会計専門家による会計監査を、大規模な会社に義務付けたものです。

大会社、監査等委員会設置会社、および指名委員会等設置会社は、会計監査人を置かなければなりません。会計監査人となり得るのは、公認会計士または監査法人であり、株主総会決議により選任されます。

会計監査人は、取締役の不正行為、または法令定款違反行為を発見した場合、遅滞なく、監査役・監査役会に報告しなければなりません。

FIGURE 52 監査役会における社外監査役

会計監査人

常勤監査役を選定

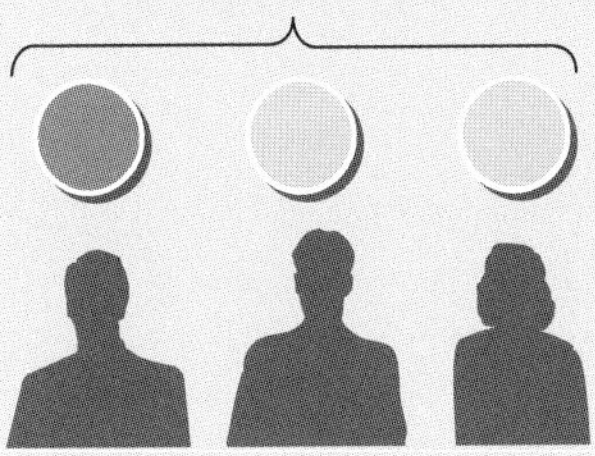

監査役会には、監査役が３人以上必要。その半数以上は社外監査役でなければならない。

●は社外監査役を示す。社外監査役とは株式会社の監査役であってその就任の前の10年間、当該株式会社またはその子会社の取締役、会計参与、執行役、または支配人その他の使用人であったことがない者などをいう。

FIGURE 53 内部監査と外部監査

株式会社の監査

内部監査

会社の機関たる監査役による監査

２つの監査が相互に連携・補完しあって、監査の実効性を確保

外部監査

外部の専門家たる会計監査人による監査

CHAPTER 4 6

指名委員会等設置会社とは？

指名委員会等設置会社は、米国型の会社制度を参考に、平成14年改正法により認められた新しいタイプの機関設計の株式会社です。当初は「委員会設置会社」と呼ばれていましたが、平成26年改正により名称が変更されました。令和2年4月現在、東証一部上場企業のうち、63社が採用しています。

1 指名委員会等設置会社の意義

指名委員会等設置会社とは、指名委員会、監査委員会、および報酬委員会という3委員会を置く株式会社です。

指名委員会とは、株主総会に提出する取締役の選任および解任に関する議案の内容を決定する委員会です。

監査委員会とは、①執行役、取締役の職務の執行の監査および監査報告の作成をし、ならびに②株主総会に提出する会計監査人の選任、および解任、会計監査人を再任しないことに関する議案の内容を決定する委員会です。

報酬委員会とは、執行役および取締役の個人別の報酬などの内容を決定する委員会です。

さらに指名委員会等設置会社には、執行役という、指名委員会等設置会社の業務を執行する機関が必ず置かれます。代表機関として、代表執行役が置かれることもあります。指名委員会等設置会社の特徴は、業務執行は執行役が、監督は取締役会が担うことになり、業務執行機関と監督機関が明確に分離されることです。

FIGURE 54 指名委員会等設置会社の機関構成

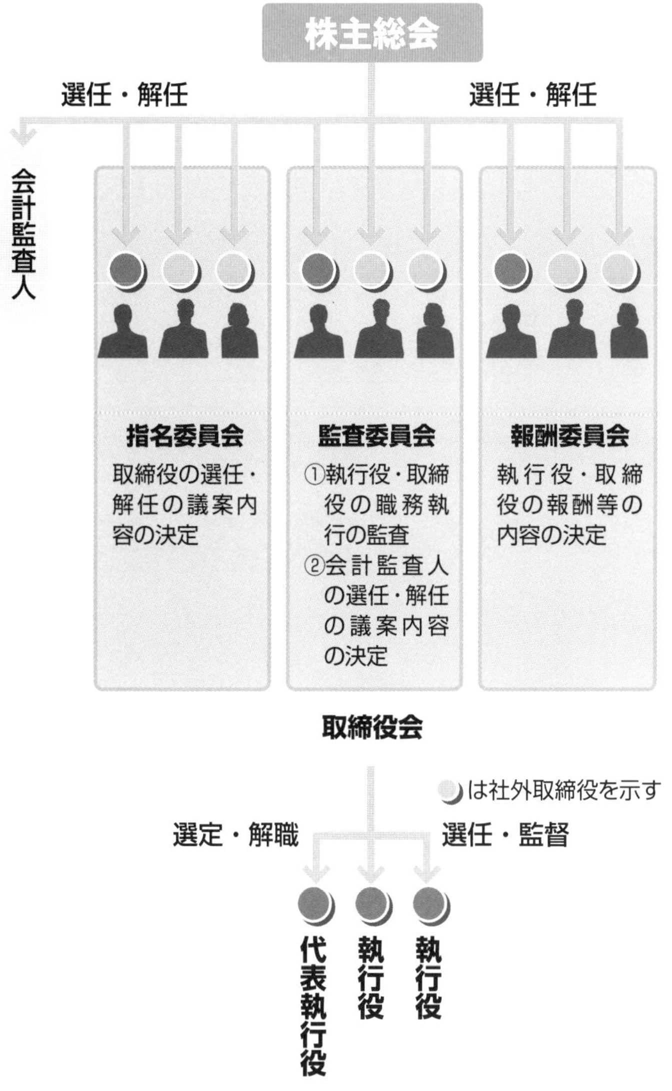

2 指名委員会、監査委員会および報酬委員会の意義

指名委員会等設置会社に置かれる３つの各委員会は、それぞれ、委員３人以上で組織します。各委員会の委員は、取締役の中から、取締役会の決議によって選定されます。各委員会の委員の過半数は、社外取締役でなければなりません。監査委員会の委員（監査委員）は、①当該会社またはその子会社の執行役、業務執行取締役、または②当該会社の子会社の会計参与、支配人その他の使用人を兼ねることはできません。

3 執行役・代表執行役の意義

指名委員会等設置会社には、１人または２人以上の執行役が置かれます。代表機関として、代表執行役が置かれることもあります。

指名委員会等設置会社では、業務執行は執行役が、監督は取締役会が担うことになります。執行役は、取締役会決議により選任されます。執行役の任期は、原則として、選任後１年以内に終了する事業年度のうち、最終のものに関する定時株主総会の終結後最初に招集される取締役会の終結のときまでです。

代表権を有する執行役である代表執行役は、執行役が１人のときは当該執行役が代表執行役となり、執行役が複数いるときは取締役会により執行役の中から選定されます。

また、代表執行役は、いつでも取締役会の決議により解職されます。代表執行役の権限は代表取締役の権限に類似しており、表見代表執行役*の制度もあります。

*表見代表執行役　代表権がないにもかかわらず、代表権があるかのような名称を付された執行役。

FIGURE 55 執行役の選任・退任

執行役となれない者（欠格事由）	①法人、②成年被後見人、被保佐人、③会社法、一般法人法、金融商品取引法、民事再生法、会社更生法、破産法等で定められた犯罪を犯し、刑に処せられ、その執行を終わり、またはその執行を受けることがなくなった日から２年を経過しない者、④上記以外の法令の規定に違反し、禁錮以上の刑に処せられ、その執行を終わるまで、またはその執行を受けることがなくなるまでの者（刑の執行猶予中の者を除く）。なお、監査委員が執行役を兼ねることはできないが、取締役が執行役を兼ねることは可能。
任期	原則として、選任後１年以内に終了する事業年度のうち、最終のものに関する定時株主総会の終結後最初に招集される取締役会の終結のときまで（ただし、定款によって、任期を短縮することは可能。402条７項）。
人数	１人でも何人でもよい。
選任方法	取締役会の決議で選任。
退任事由	①執行役の死亡または破産手続開始決定など、②任期の満了、③辞任、④欠格事由の発生、⑤解任決議

FIGURE 56 執行役の義務と責任

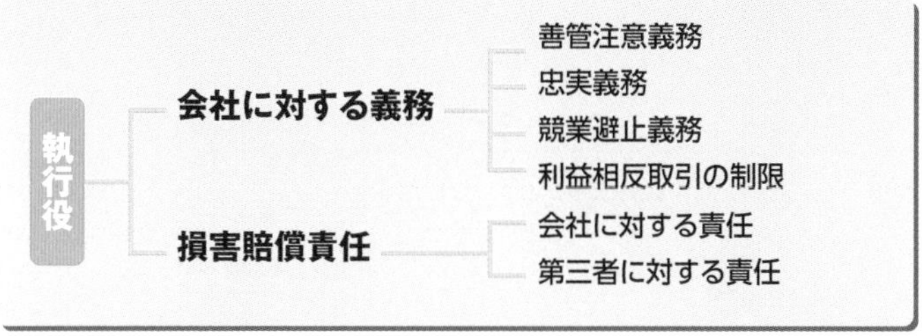

CHAPTER 4 7

監査等委員会設置会社とは？

前述した「指名委員会等設置会社」は、３委員会をすべて設置しなければならず、会社にとって負担が大きいことなどの理由により、あまり多くは利用されていません。そこで、令和元年改正によって導入されたのが、「監査等委員会設置会社」です。令和元年８月現在、東証一部上場企業の27％が採用しています。

1 監査等委員会設置会社の意義

平成26年改正によって導入された監査等委員会設置会社とは、監査等委員会を置く株式会社をいいます。

監査等委員会設置会社における監査等委員会は、従来の指名委員会等設置会社における監査委員会よりも権限が強化され、指名委員会および報酬委員会が有していた監督機能を、ある程度持たせようという趣旨があります。

監査等委員会設置会社では、取締役会と会計監査人の設置が必要である一方、監査役を置くことはできません。

2 監査等委員

監査等委員は取締役としての地位を有しますので、監査役とは異なり、取締役会における議決権を有します。

監査等委員たる取締役は、他の取締役とは区別されており、その株主総会決議による選任は、両者を区別して行わなければなりません。取締役の報酬についても、監査等委員たる取締役と、他の取締役とは、区別して定めなければなりません。監査等委員たる取締役は、３人以上で、その過半数は社外取締役でなければなりません。

OnePoint 監査等役員の兼業禁止

監査等委員たる取締役は、①当該会社またはその子会社の業務執行取締役、支配人その他の使用人、または②当該子会社の会計参与、執行役を兼ねることができません。

FIGURE 57 監査等委員会設置会社の機関構成

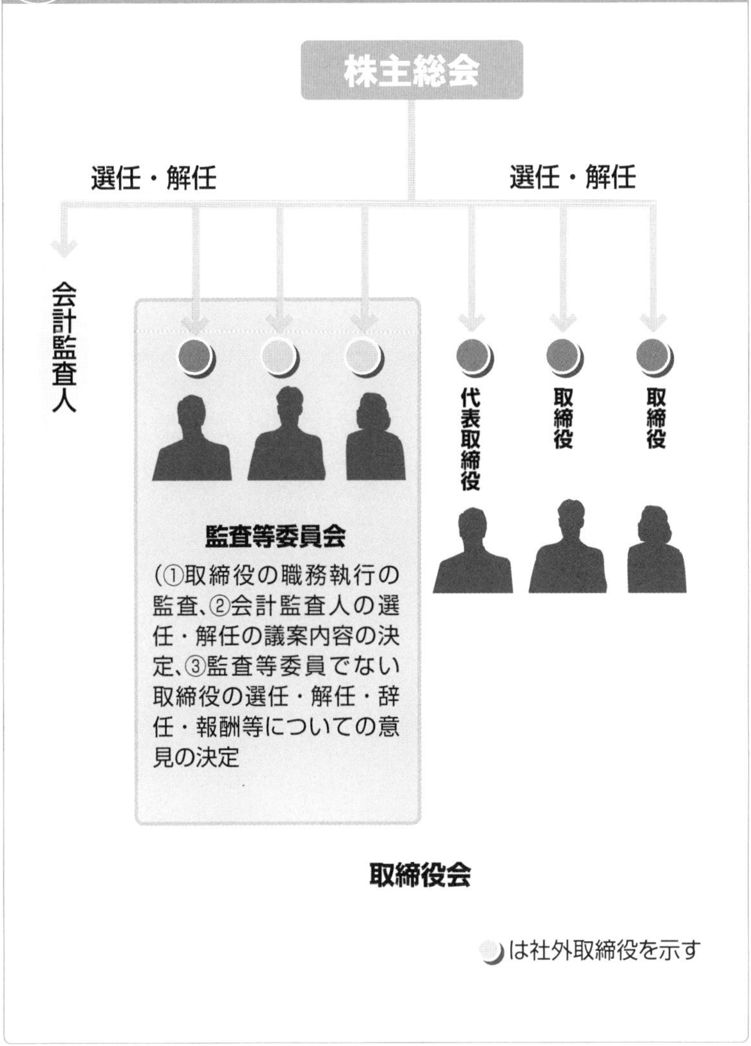

監査等委員会が選定する監査等委員は、取締役等に職務執行に関する報告を求め、監査等委員会設置会社の業務、および財産の状況の調査をすることができ、また、その子会社に事業の報告を求め、その業務、および財産の状況の調査をすることもできます。

監査等委員は、取締役に法令・定款違反等があると認めるときは、取締役会、および株主総会に報告しなければなりません。監査等委員は、取締役が法令・定款違反行為をし、会社に著しい損害が生ずるおそれがあるときは、当該取締役に対し、当該行為の中止を請求することができます。また、取締役と会社の間の訴訟については、原則として、監査等委員会が選定する監査等委員が会社を代表することとされています。

3 監査等委員会

監査等委員会は、すべての監査等委員で組織され、①取締役の職務の執行の監査および監査報告の作成、②株主総会に提出する会計監査人の選任および解任、ならびに会計監査人を再任しないことに関する議案の内容の決定、③監査等委員でない取締役の選任・解任・辞任、および報酬等についての意見の決定を職務とする委員会です。

前述した指名委員会等設置会社における「監査委員会」は、上記①および②の権限を有していますが、「監査等委員会」はさらに上記③の権限を有しています。このことから、監査「等」委員会と名付けられました。

CHAPTER 5

株式会社の資金調達について理解しよう

株式会社を継続的に運営し、発展させていくためには、これまでに説明した「機関」だけでなく、「資金」が必要です。株式会社が外部から資金を調達する方法としては、①募集株式の発行、新株予約権の行使のような、「自己資本」(返済不要の資金)による方法と、②銀行からの借入金、社債のような、「他人資本」(返済を要する資金)による方法とがあります。

CHAPTER 5

1 募集株式の発行とは？

株式会社が資金を調達する方法のうち、募集株式の発行は、自己資本による資金調達方法の典型例です。募集株式の発行のうち、通常の新株発行の場合、第三者に新たに株主として出資してもらうため、会社は返済義務を負わないというメリットがあります。

1 募集株式の発行の意義と種類

募集株式の発行とは、会社成立後に株式を発行することをいい、①通常の新株発行（出資金の払込みまたは現物出資の給付を伴う新株発行）と、②自己株式の処分（会社がすでに保有している自己株式を有償で処分すること）があります。募集株式の発行は、発行可能株式総数（授権資本）の枠内で行うことが可能です。公開会社の場合は取締役会決議により、公開会社でない会社の場合は株主総会決議により、募集株式を発行することができます。

2 「既存の株主の利益」と「資金調達の必要性」

募集株式を発行する場合に、株式を時価より低い価額で発行すると、全体として株価が下がる（財産的不利益）と共に、既存の株主の持株比率が以前よりも小さくなってしまいます（割合的地位の希釈化）。このような、既存の株主の不利益を生じないようにするためには、発行される募集株式の全部を既存の株主に割り当てること（株主割当て）が考えられます。

会社法は、既存の株主の利益よりも、資金調達の必要性を重視し、会社に既存の株主への株主割当てを義務付けるのではなく、株主に株主割当てを受ける権利を与えることができるのみとしました。

FIGURE 58 募集株式の発行の種類

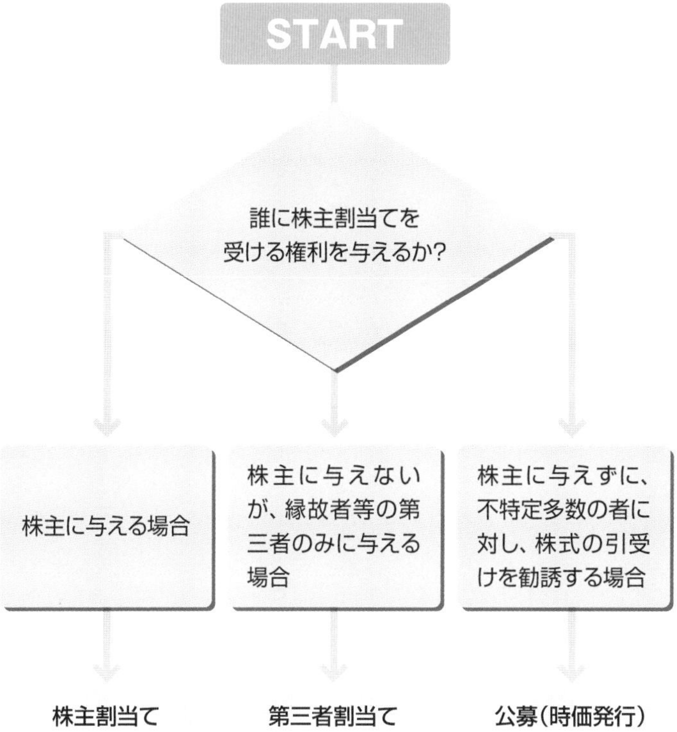

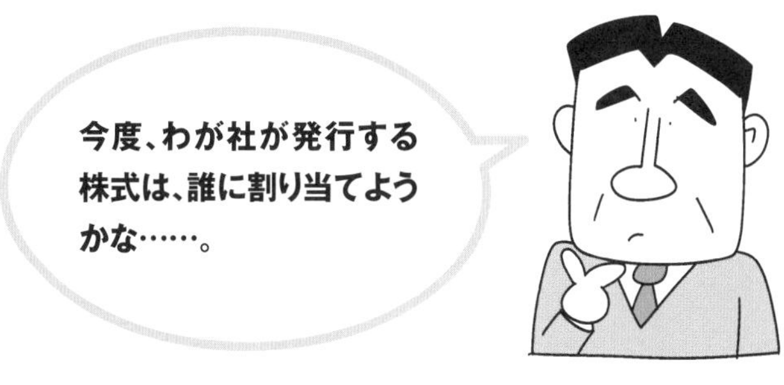

今度、わが社が発行する株式は、誰に割り当てようかな……。

CHAPTER 5

2 新株予約権とは？

新株予約権は、資金調達の手段としてだけでなく、近時はむしろ、ストック·オプションや、敵対的 M&A に対する企業防衛策（ポイズン·ピル）などに利用されることが多くなっています。

1 新株予約権の意義

新株予約権とは、株式会社に対して行使することにより当該株式会社の株式の交付を受けることができる権利をいいます。

新株予約権を有する権利者の立場からは、あらかじめ定められた期間内に、所定の金銭を支払えば、会社から一定数の株式の交付を受けることができます。他方、会社の立場からは、新株予約権を有償で公募発行することにより、資金調達という目的に利用することができます。しかし、会社が資金調達目的を達成しようとするのであれば、最初から募集株式を発行すればよく、わざわざ新株予約権の公募発行をする必要はないといえます。

2 新株予約権は様々な目的に利用される

近時、新株予約権は、資金調達の手段としてというよりも、ストック・オプションや敵対的 M&A に対する企業防衛策（ポイズン・ピル）等に利用されることが多くなっています。

また、上場会社において、新株予約権無償割当ての方法により、ライツ・イシューまたはライツ・オファリングと呼ばれる増資手法がとられることがあります。この場合、株主は、増資に応じて新株予約権を行使して新株を受け取ることもできますし、新株予約権を第三者に売却して現金化することもできます。

FIGURE 59 ストック・オプション

会社が、あらかじめ、取締役や従業員に対し無償または安い価格で新株予約権を発行する。当該新株予約権を有する者は、株価が上昇したときに新株予約権を行使して所定の額の金銭を払い込めば、時価との差額分の利益が得られる。
当該新株予約権を有する取締役や従業員は、頑張って働いて会社の業績を上げることができれば、会社の株価が上昇し、自分の得られる利益も大きくなるので、取締役や従業員のインセンティブとして、モチベーションを高めるために利用される。

会社

①無償または安価で新株予約権を発行 ↓ ↑ ②株価高騰時に新株予約権を行使

取締役

ストック・オプションをもらったので、頑張って会社の業績を上げるぞ!

3 新株予約権の発行

新株予約権の発行には、募集による場合と、それ以外の場合があります。募集により発行される新株予約権を**募集新株予約権**といいます。募集新株予約権の発行については、会社法において、募集新株発行の場合とほぼ同様の規定が置かれています。募集新株予約権の無償割当てを受けた者は、割当日に、募集新株予約権を行使することができます。

これに対し、募集新株予約権の有償発行の場合は、募集新株予約権の払込金額の全額を払い込まなければならず、払込みをしない限り、募集新株予約権を行使することができません。

4 新株予約権の行使

新株予約権の行使は、①行使にかかる新株予約権の内容および数、②新株予約権を行使する日等を明らかにしなければなりません。

新株予約権の行使に際し、金銭を出資の目的とするときは、新株予約権者は、新株予約権を行使する日に、株式会社が定めた銀行などの払込みの取扱いの場所において、その行使にかかる新株予約権についての価額の全額を払い込まなければなりません。

新株予約権の行使に際し、金銭以外の財産を出資の目的とするときは、新株予約権者は、新株予約権を行使する日に、その行使にかかる新株予約権についての財産を給付しなければなりません。

なお、会社は自己新株予約権を取得することはできますが、自己新規予約権を行使することは認められていません。もし行使を認めると、資本の空洞化を招くおそれがあるからです。

FIGURE 60 ポイズン・ピル（毒薬条項、ライツ・プラン）

会社が、あらかじめ、信頼できる株主に新株予約権を発行しておく。敵対的な買収者が一定比率以上の株式を取得したときに、当該新株予約権（つまり、毒薬）が行使されるようにし、会社の発行済株式総数を大幅に増やすことにより、敵対的買収者の持株比率を低下させる。

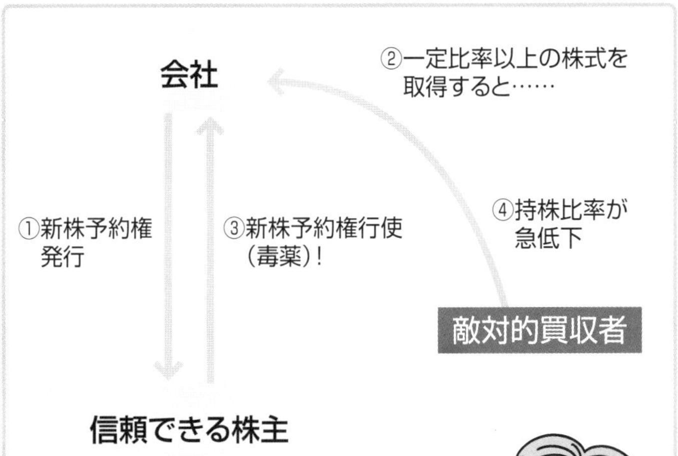

せっかく会社の株式をたくさん取得したと思ったのに、結局、買収できなかった……。

CHAPTER 5

3 社債とは？

社債は、募集株式の発行と同様に、会社の資金調達の目的に利用されます。社債は、比較的長期にわたる資金調達の方法であり、持株比率にも影響しない、というメリットがあります。会社経営に関心がない投資家にとっても、利用しやすい制度といえます。

1 社債の意義

社債とは、会社が行う割当てにより発生する、当該会社を債務者とする金銭債権であって、会社法の定めに従い償還されるものをいいます。株式会社における社債の発行は、業務執行の１つとして、原則として、取締役（取締役会設置会社では取締役会）が募集事項を決定します。会社は、社債を発行する場合、社債管理者を定め、社債権者のために、弁済の受領、債権の保全、その他の社債の管理を行うことを委託しなければなりません。社債管理者となるのは、銀行および信託会社等に限られます。

2 社債権者の権限

社債権者は、社債の種類ごとに社債権者集会を組織します。社債権者集会は、必要がある場合には、いつでも社債発行会社、または社債管理者が招集することができ、会社法に規定する事項、および社債権者の利害に関する事項について決議をすることができます。

社債権者は、社債権者集会において、その有する当該種類の社債の金額の合計額に応じて、議決権を有します。社債権者集会において決議をする事項を可決するには、出席した議決権者の議決権の総額の過半数の議決権を有する者の同意を要します。

FIGURE 61 株式と社債の比較

	株式	社債
定義	株式会社における社員たる地位	会社に対する消費貸借上の債権
会社経営に参加する権利	議決権、監督是正権など	原則として「なし」。社債権者集会における議決権のみ
配当・利息	不確定の剰余金配当	一定額の利息
元本の払戻し	資本金の払戻しは不可	期限到来後、元本の返済可
会社が解散した場合	会社債権者への弁済がすべて完了したあと、残余財産分配	一般債権者と同順位で、株主に優先して弁済を受ける

FIGURE 62 株主総会と社債権者集会の比較

	株主総会	社債権者集会
法的位置付け	株主により構成される会社の機関	社債権者により構成される会社外部の組織
招集権者	取締役、一定の要件を満たす株主	社債発行会社、社債管理者、一定の要件を満たす社債権者
議決権	一株一議決権	社債の金額に応じた議決権
決議の効力発生には裁判所の認可を要するか	不要	必要

COLUMN

第三者に対する有利発行

第三者割当て、および公募のケースにおいて、募集株式の払込金額が募集株式を引き受ける第三者に特に有利な金額である場合には、取締役は、募集事項を決定する株主総会において、当該払込金額でその者の募集をすることを必要とする理由を説明しなければならないと共に、株主総会の特別決議が必要です。

第三者に対する有利発行が、このような厳格な法規制に服するのは、第三者に対する有利発行により、既存の株式の価値が下落し、経済的不利益を受けるからです。

では、「特に有利な金額」とは何を意味するのでしょうか？　一般に、「特に有利な金額」とは、「公正な価額」と比べて特に低い価額を意味すると考えられています。そして、ここにいう「公正な価額」とは、新株発行により会社の資金調達の目的が達成される限度で既存株主にとって最も有利な価額をいい、通常は株式の時価が基準とされます。

ただし、株式の買占めなどにより株価が異常に高騰しているような場合には、高騰前の期間を含む一定期間の平均株価を基準とすることができる、とした裁判例があります。

CHAPTER 6

剰余金を配当しよう

株式会社は営利を目的としますので、株主への配当可能額を適切な計算書類をもって計算し、剰余金を株主に配当していくことが重要といえます。また、会社債権者にとっても、会社財産だけが引当となるため、会社の財産的価値を客観的に把握することが重要です。そこで、本章では、株式会社の計算について概観した上で、剰余金をどのように配当することができるのか、について解説します。

CHAPTER 6

1 株式会社の計算とは？

株式会社は、営利を目的としますので、配当可能利益を適切に算定することが重要となります。そのためには、適正な計算書類により、会社の財産の価値を客観的に把握する必要があります。また、会社債権者にとっても、会社財産だけが引当となるため、やはり会社の財産の価値を客観的に把握することが重要です。

1 株式会社の計算の意義

株式会社の計算とは、株式会社の会計・財務を意味します。株式会社を適切に経営していくためには、会計・財務状況を適正に記録するなどして、経営状況を正確に把握する必要があります。

2 株式会社の計算の適正化

株式会社の計算は、会社の経営者にとって重要であるだけでなく、株主、会社債権者などのような会社の利害関係者にとっても重要です。会社の会計・財務状況の記録などが適正に行われればよいのですが、過大または過小に記録され、その結果、剰余金の違法配当などが行われ、関係者に損害を与える可能性もあります。過去にも、粉飾決算等が問題となった事例は少なくありません。そこで、会社法は、「株式会社の会計は、一般に公正妥当と認められる企業会計の慣行に従うものとする」と規定しています。この規定にいう「一般に公正妥当と認められる企業会計の慣行」として、企業会計原則がこれに該当するとされています。また、株式会社は、各事業年度にかかる計算書類（貸借対照表、損益計算書等）、および事業報告ならびにこれらの附属明細書を作成しなければなりません。

FIGURE 63 計算書類・事業報告・附属明細書

計算書類	貸借対照表（バランスシート、B/S）	左側には「資産の部」、右側には「負債の部」および「純資産の部」を記載し、決算期における会社財産の構成について概括的に明らかにした対照表。ある一定の日における会社資産の内容、資産の調達方法等を知ることができる。
	損益計算書（P/L）	ある事業年度に発生した利益または損失の原因を明らかにした計算書。ある事業年度における業績およびその原因を知ることができる。
	株主資本等変動計算書	貸借対照表の「純資産の部」の一会計期間における変動額のうち、主に株主資本の各項目の変動事由を表す計算書。
	個別注記表	重要な会計方針に関する注記、貸借対照表に関する注記、損益計算書に関する注記等を一覧にしたもの。
事業報告		ある事業年度における会社の状況に関する重要な事項が記載されたもの。表や数字ではなく、主に文章で記述される。必ずしも会計とは関連しない。
附属明細書		貸借対照表、損益計算書、株主資本等変動計算書、個別注記表、事業報告の内容を補足する重要な事項を表示したもの。

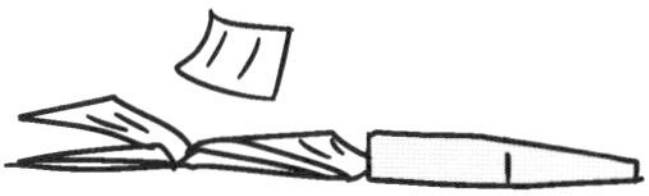

CHAPTER 6

2 剰余金の配当はどのように行えばよいか

株式会社は、剰余金を株主に配当することができます。剰余金は、会社財産から資本金および準備金を差し引いたものです。

1 剰余金の意義

剰余金とは、株式会社の財産のうち、株主への配当の原資となるものです。剰余金の額は、大まかにいえば、会社財産の額から資本金および準備金の額を差し引いた額となります。剰余金は、分配可能額の範囲内で、株主に配当することができます。自己株主については剰余金の配当をすることはできず、また、純資産額が300万円未満の会社は剰余金の配当をすることができません。

株式会社は、剰余金の配当をしようとするときは、その都度、株主総会の決議によって、①配当財産の種類および帳簿価額の総額、②株主に対する配当財産の割当てに関する事項、③当該剰余金の配当がその効力を生ずる日を定めなければなりません。

▼剰余金の額の計算方法の概要

剰余金の額 ＝ 会社財産の額 ― 資本金の額 ― 準備金の額

2 違法配当とは

違法配当とは、会社が配当可能利益の規制に違反して剰余金の配当をした場合をいいます。会社は違法配当を受けた株主に対し、配当の返還を請求し、また違法配当にかかわった取締役等に対し、違法分配額の支払いを請求することができます。

CHAPTER 7

組織再編など

組織再編とは、株式会社が他の会社に対してM＆A（合併・買収）を行ったり、事業を他の会社に譲渡したりすることです。会社は、競争上有利な立場を得るため、あるいは、他社の有する優れた技術力を手に入れるためなど、様々な理由により、組織再編を行うことがあります。

CHAPTER 7 1

合併とは

合併とは、2つ以上の会社が、契約によって結合して、1つの会社になることです。合併は、市場支配力の強化、経営の効率化等の目的のために利用されます。

1 合併の意義と種類

合併により、2つ以上の法人が1つの法人になります。合併には、吸収合併と新設合併の2種類があります。

吸収合併とは、合併により消滅する会社の権利義務の全部を、合併後存続する会社に承継させる合併をいいます。新設合併とは、合併により消滅する会社の権利義務の全部を、合併により新設する会社に承継させる合併をいいます。

合併によって消滅する会社を消滅会社、合併後もそれ以前と同じように存続する会社を存続会社、合併により新設される会社を新設会社といいます。合併により、消滅会社の権利義務が存続会社、または新設会社に包括的に承継されることになります。消滅会社の従業員は、原則として存続会社または新設会社の従業員となります。

2 三角合併

吸収合併における合併の対価は、平成17年改正前の商法では、存続会社の株式のみとされていました。しかし、平成17年制定の会社法は、存続会社の株式のほか、金銭や存続会社の親会社の株式でも、合併の対価とすることができることとしました。消滅会社の株主に、存続会社の親会社の株式を与えることにより、三角合併が可能となりました。

FIGURE 64 吸収合併、新設合併、三角合併

FIGURE 65 吸収合併の手続

❶合併契約の締結
↓
❷株主および会社債権者への事前の情報開示
↓
❸消滅会社および存続会社における株主総会の特別決議
↓
❹会社債権者保護手続
↓
❺合併の効力発生（合併契約で定めた日）
↓
❻登記（消滅会社の解散登記、存続会社の変更登記）
↓
❼株主および会社債権者への事後の情報開示

CHAPTER 7

2 会社分割とは

会社分割とは、1つの会社を2つ以上の会社にすることです。会社分割は、企業の一部門を分離・独立化することによる、経営の合理化などの目的のために利用されます。

1 会社分割の意義と種類

会社分割には、吸収分割と新設分割の2種類があります。吸収分割とは、会社がその事業に関して有する権利義務の全部、または一部を、ほかの会社に承継させることをいいます。新設分割とは、会社がその事業に関して有する権利義務の全部または一部を、新たに設立する会社に承継させることをいいます。

事業を分割する会社を分割会社、事業を承継する会社を承継会社、分割により新設される会社を新設会社といいます。会社分割により、分割会社の当該事業の権利義務が承継会社、または新設会社に包括的に承継されることになります。分割会社の当該事業の従業員は、原則として、承継会社または新設会社の従業員となります。

2 人的分割と物的分割

会社分割に関しては、物的分割（分割の対価が、分割会社に割り当てられる会社分割）と人的分割（分割の対価が、分割会社の株主に割り当てられる会社分割）という概念があります。

平成17年制定の会社法は、物的分割のみを採用し、人的分割を廃止しました。なぜなら、人的分割を採用しなくても、物的分割により分割会社に割り当てられた対価を、剰余金の配当として、分割会社の株主に割り当てれば足りるからです。

FIGURE 66 吸収分割、新設分割

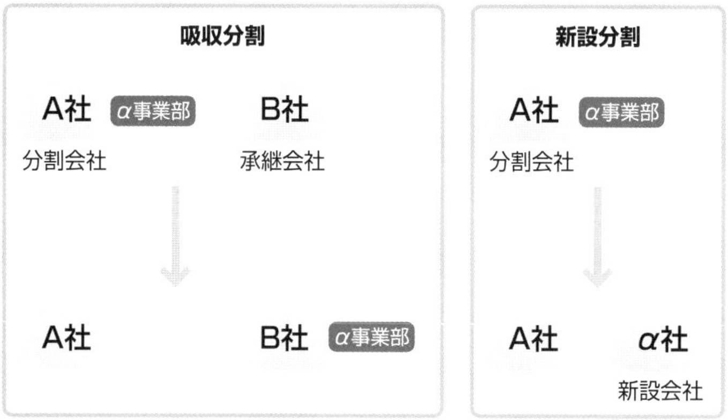

FIGURE 67 吸収分割の手続

1. 分割契約の締結
2. 株式および会社債権者への事前の情報開示
3. 分割会社および承継会社における株主総会の特別決議
4. 会社債権者保護手続
5. 分割の効力発生（分割契約で定めた日）
6. 登記（分割会社および承継会社の変更登記）
7. 株主および会社債権者への事後の情報開示

CHAPTER 7

3 事業譲渡

事業譲渡とは、会社がその事業の全部、または重要な一部を譲渡することです。事業譲渡は、企業の事業を分離・譲渡することによる経営の合理化などの目的のために利用されます。

1 合理化を目的とする事業譲渡

会社法は、①事業の全部の譲渡、②事業の重要な一部の譲渡（当該譲渡により譲り渡す資産の帳簿価額が当該株式会社の総資産額の５分の１以下のものを除く）、③子会社の株式または持分の全部または一部の譲渡、④他の会社の事業の全部の譲受け、⑤事業の全部の賃貸、事業の全部の経営の委任、他人と事業上の損益の全部を共通にする契約その他これらに準ずる契約の締結、変更または解約を、事業譲渡等と呼んでいます。

事業譲渡等を行うためには、その効力発生日の前日までに、株主総会の特別決議による承認を受けなければなりません。事業譲渡等をする場合には、反対株主は、事業譲渡等をする株式会社に対し、自己の有する株式を公正な価格で買い取ることを請求することができます。

譲渡される事業の個々の財産の移転については、個別の移転手続（例えば、第三者に対する対抗要件等）が必要です。

事業を譲渡した会社は、当事者の別段の意思表示がない限り、同一の市町村、および隣接する市町村の区域内においては、その事業を譲渡した日から20年間は、同一の事業を行うことができないという競業避止義務を負います。

FIGURE 68 事業譲渡

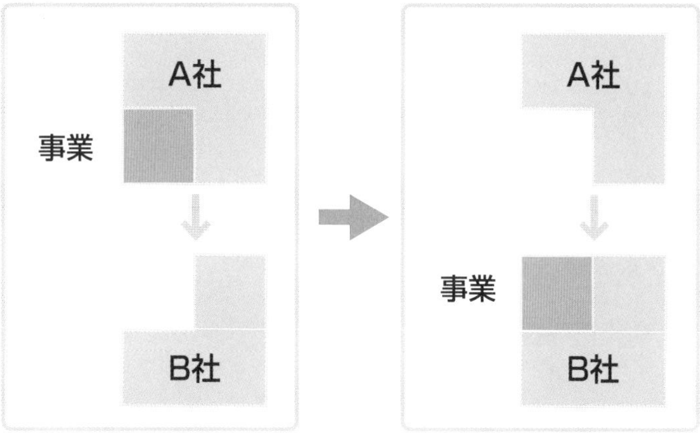

FIGURE 69 事業譲渡と吸収合併の比較

	事業譲渡	吸収合併
契約の法的性質	事業の移転を目的とする取引法上の契約	権利義務の承継を目的とする組織法上の契約
権利義務の移転	特定承継	包括承継
株主への事前開示	なし	あり
債権者保護手続	債務引受け等について債権者の同意が必要	債権者による異議申立て等
株主の地位の変動	変更なし	解散会社の株主は、存続会社の株主となる
無効の主張方法	特別の制度はないため、一般原則による	合併無効の訴え

CHAPTER 7

4 株式交換・株式移転とは

株式交換・株式移転は、完全親子会社関係（ある株式会社が他の株式会社の発行済株式のすべてを保有する関係）を作り出すための制度です。

1 株式交換・株式移転の意義

株式交換とは、株式会社がその発行済株式の全部を他の株式会社に取得させることをいいます*。また、株式移転とは、株式会社がその発行済株式の全部を新たに設立する株式会社に取得させることをいいます。株式交換・株式移転の手続は、合併および会社分割の手続とほぼ同様です。

2 株式交換・株式移転の利用目的

株式交換・株式移転により完全親子会社関係を作り出すと、完全親会社は、完全子会社のすべての議決権を取得し、定款変更、事業譲渡、取締役の選任・解任などの重要な意思決定を円滑に行うことができるようになります。また、他の株主が存在しないため、完全子会社の運営・管理を迅速かつ機動的に行うことができるようになります。特に、純粋持株会社（自らは事業活動を行わず、もっぱら株式保有を通じて他の会社の支配・管理を行う会社）を設立して、大規模・多角的な事業活動を行う企業グループを形成するために、株式交換・株式移転の制度が利用されます。株式交換・株式移転の制度により完全親子会社関係を作り出すことが容易になったのに伴い、親会社株主が子会社の株主総会議事録、取締役会議事録、株主名簿、計算書類などを閲覧・謄写することが認められています。

OnePoint 株式交換と株式移転での金銭の交付

株式交換の場合、B社株の対価として金銭を交付することも認められますが、株式移転の場合は認められません。

FIGURE 70 株式交換・株式移転

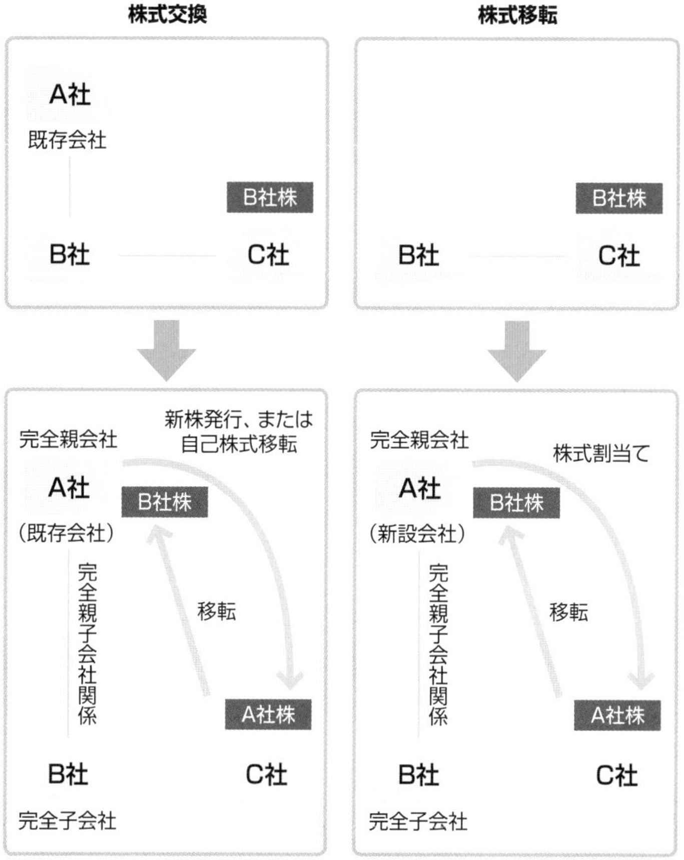

＊**株式交付**　令和元年改正会社法により、株式交付の制度が導入された。これは、株式会社（A社）が他の株式会社（B社）を子会社化するために、B社株式の譲渡人に対し、A社が自社株式を対価として交付するというもの。

CHAPTER 7

5 解散・清算とは

会社は、解散および清算することにより、その法人格が消滅することになります。

1 解散・清算と法人格の消滅

会社は、一定の解散事由の発生によって解散することになります。もっとも、解散により直ちに法人格を失うわけではなく、解散後の清算手続が行われている間は、清算の目的の範囲内において権利能力が認められ、法人格が存続しますが、清算手続の終了により、会社の法人格が消滅します。清算手続において、清算人は、

①現務の結了
②債権の取立ておよび債務の弁済
③残余財産の分配

を行います。清算結了の登記により、清算手続は終了します。

2 休眠会社のみなし解散

休眠会社とは、会社に関する登記が最後にあった日から12年を経過した株式会社のことです。登記簿上は存続していることになっていても、実際上、営業活動を行っていない株式会社については、一定の手続（官報への公告、会社への通知）を経た上で、解散したものとみなされます。12年間という期間が定められたのは、公開会社でない会社においても、取締役の任期は最長10年であり、10年に1回は取締役の氏名の変更登記が行われるはずだからです。

FIGURE 71 株式会社の解散事由

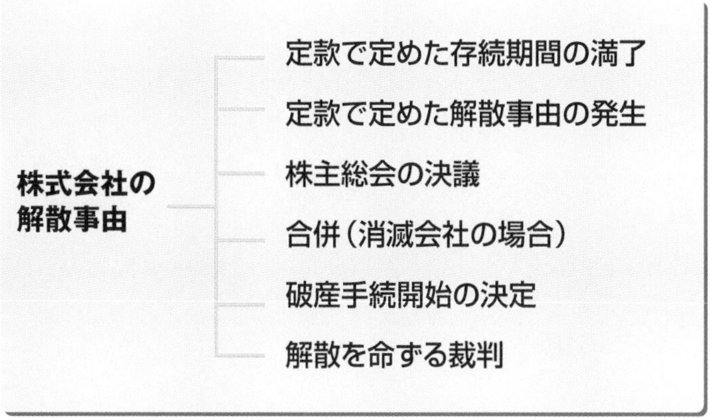

株式会社の解散事由
定款で定めた存続期間の満了
定款で定めた解散事由の発生
株主総会の決議
合併（消滅会社の場合）
破産手続開始の決定
解散を命ずる裁判

FIGURE 72 解散・清算と法人格の消滅

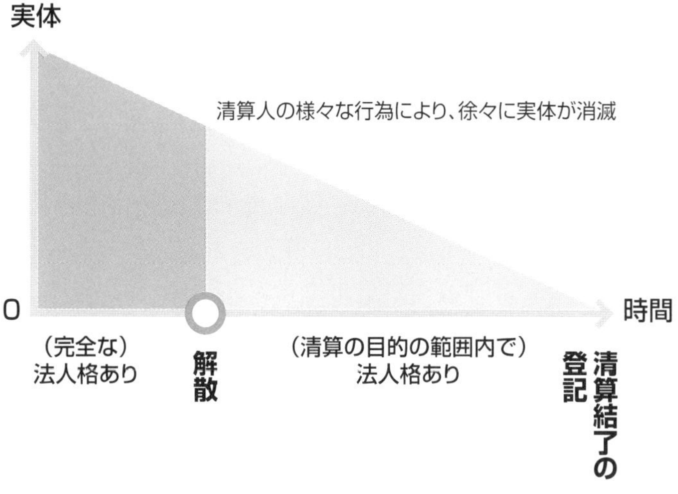

COLUMN

キャッシュアウト

キャッシュアウト（株式等売渡請求制度）とは、現金を対価として、少数株主を株式会社から退出させることであり、平成 26 年改正の会社法により認められるようになりました。

すなわち、会社法によると、株式会社の総株主の議決権の 10 分の 9 以上を直接または間接に有する株主（特別支配株主）は、他の株主に対し、その有する株式・新株予約権・新株予約権付社債の売渡請求をすることができます。

特別支配株主は、このキャッシュアウトの制度を利用することにより、当該株式会社のすべての株式を取得し、自己の完全子会社とすることができるわけです。

株式等売渡請求を受けた株主は、裁判所に対し、自己が有する売渡株式等の売買価格の決定の申立てをすることができます。これにより、自己の株式等が不当に安く買い取られることを防ぐことができます。

APPENDIX

A

定款のサンプル
索引

定款のサンプル

○○株式会社定款

第1章　総則

（商号）

第1条　当会社は、○○株式会社と称する。

（目的）

第2条　当会社は、次の事業を行うことを目的とする。

(1)　○○の企画、開発及び販売

(2)　××の翻訳及び販売

(3)　前各号に附帯する一切の事業

（本店の所在地）

第3条　当会社は、本店を東京都○○区に置く。

（公告の方法）

第4条　当会社の公告は、官報に掲載する方法により行う。

第2章　株式

（発行可能株式総数）

第5条　当会社の発行可能株式総数は、10,000株とする。

（株式の譲渡制限）

第6条　当会社の発行する株式を譲渡により取得するには、株主総会の承認を受けなければならない。但し、当会社の株主に譲渡する場合は、承認をしたものとみなす。

（株主名簿記載事項の記載）

第7条　株式の取得により株主名簿記載事項の記載又は記録を請求するには、当会社が定める書式による請求書に譲渡人及び譲受人が記名押印し、これを当会社に提出しなければならない。但し、法令に定めがある場合は、取得者がその事由を証する書面を提出して請求することができる。

（質権の登録又は信託財産の表示）

第8条　当会社の株式につき質権の登録又は信託財産の表示を請求するには、当会社で定める書式による請求書に当事者が記名押印し、これを会社に提出しなければならない。その変更、抹消についても同様とする。

（基準日）

第9条　当会社は、毎事業年度末日の最終の株主名簿に記載又は記録された議決権を有する株主をもって、その事業年度に関する定時株主総会において権利を行使することができる株主とする。

2　前項のほか、株主又は登録株式質権者として権利を行使することができる者を確定するため必要がある場合は、あらかじめ公告して臨時に基準日を定めることができる。

（株主の住所等の届出）

第10条　当会社の株主及び登録株式質権者又はそれらの法定代理人若しくは代表者は、当会社所定の書式により、氏名又は名称、住所及び印鑑を当会社に届け出なければならない。届出事項に変更があったときも同様とする。

第3章　株主総会

（招集時期）

第11条　当会社の定時株主総会は、毎事業年度の終了後3か月以内に招集し、臨時株主総会は、必要に応じて招集する。

（招集権者）

第12条　株主総会は、法令に別段の定めがある場合を除き、取締役が招集する。

（招集通知）

第13条　株主総会の招集通知は、当該株主総会で議決権を行使することができる株主に対し、会日の1週間前までに発するものとする。

（株主総会の議長）

第14条　株主総会の議長は、取締役がこれに当たる。

（株主総会の決議）

第15条　株主総会の決議は、法令又は定款に別段の定めがある場合を除き、出席した議決権を行使することができる株主の議決権の過半数をもって行う。

（議事録）

第16条　株主総会の議事については、開催日時、場所、出席した役員並びに議事の経過の要領及びその結果その他の事項を記載又は記録した議事録を作成し、議長及び出席した取締役がこれに署名若しくは記名押印又は電子署名をし、株主総会の日から10年間本店に備え置く。

（株主の代理権行使）

第17条　株主又はその法定代理人は、当会社の議決権を有する株主を代理人として、議決権を行使することができる。但し、この場合には、総会ごとに代理権を証する書面を提出しなければならない。

第４章　取締役

（取締役の員数）

第18条　当会社の取締役は、１名以上とする。

（取締役の選任）

第19条　当会社の取締役は、株主総会において、議決権を行使することができる株主の議決権の3分の1以上を有する株主が出席し、その議決権の過半数の決議によって選任する。

（取締役の任期）

第20条　取締役の任期は、選任後５年以内に終了する事業年度のうち最終のものに関する定時株主総会の終了の時までとする。

（代表取締役）
第21条　当会社に取締役が２名以上ある場合は、取締役の互選により代表取締役１名又は２名を選任する。
　２　当会社に置く取締役が１名の場合には、その取締役を代表取締役とする。

第５章　計算

（事業年度）
第22条　当会社の事業年度は、毎年４月１日から翌年３月末日までの年１期とする。
（剰余金の配当）
第23条　剰余金の配当は、毎事業年度末日現在の最終の株主名簿に記載又は記録された株主又は登録株式質権者に対して行う。
　２　剰余金の配当がその支払提供の日から満３年を経過しても受領されないときは、当会社は、その支払義務を免れる。

第６章　附則

（設立の際に発行する株式の数）
第24条　当会社の設立時発行株式の数は1,000株、その発行価額は１株につき金１千円とする。
（設立に際して出資される財産の価額）
第25条　当会社の設立に際して出資される財産の価額は、金100万円とする。
（最初の事業年度）
第26条　当会社の最初の事業年度は、当会社成立の日から令和○○年３月末日までとする。
（設立時取締役等）
第27条　当会社の設立時取締役は、次のとおりとする。
設立時取締役　　○○　○○

（発起人の氏名、住所及び設立時発行株式に関する事項）

第28条　発起人の氏名、住所及び設立に際して割当てを受ける株式数並びに株式と引換えに払い込む金銭の額は、次のとおりとする。

〇〇県〇〇市〇〇町〇丁目〇番〇号

発起人　〇〇　〇〇　1,000株　金100万円

（法令の準拠）

第29条　この定款に記載のない事項は、会社法その他の法令に従うものとする。

以上、〇〇株式会社を設立するため発起人が本定款を作成し、記名押印する。

令和〇〇年〇〇月〇〇日

発起人　〇〇　〇〇　（印）

索引

●さ行

●た行

MEMO

●著者紹介

遠藤　誠（えんどう　まこと）

BLJ法律事務所　代表弁護士・博士（法学）
BLJ法律事務所ウェブサイト：https://www.bizlawjapan.com/

略歴・主な取扱い分野：

1998年弁護士登録。2002年米国シアトル市ワシントン大学ロースクール卒業（LL.M.）、2004年神戸大学大学院法学研究科博士後期課程修了（博士〈法学〉）。2006年から2011年までは大手法律事務所の北京事務所に常駐し、日本企業・日系企業の中国ビジネスを法務面からサポート。2013年4月に独立して「BLJ法律事務所」を開設し、日本におけるビジネス・ロー（"Business Law in Japan"）の拠点となるべく、企業法務全般を取り扱っている。

主要著書論文：

『最新　中国ビジネス法務の基本と実務がわかる本』（秀和システム、2019年）
『台湾ビジネス法務の基本がよ～くわかる本』（秀和システム、2014年）
『インド知的財産法』（日本機械輸出組合、2014年）等、多数。
現在、「世界の法制度」（『国際商事法務』国際商事法研究所、所収）、
「世界の知的財産法」（『特許ニュース』経済産業調査会、所収）を連載中。

●本文イラスト
まえだ　たつひこ

●カバーイラスト
中西　隆浩

図解ポケット
最新 会社法がよくわかる本 [第2版]

発行日　2020年 7月 1日　第1版第1刷

著　者　遠藤　誠

発行者　斉藤　和邦
発行所　株式会社　秀和システム
〒135-0016
東京都江東区東陽2-4-2　新宮ビル2F
Tel 03-6264-3105（販売）Fax 03-6264-3094
印刷所　三松堂印刷株式会社　Printed in Japan

ISBN978-4-7980-6257-0 C0032